인물설교

행동하는 신앙인

배 굉 호 지음

도서
출판 영문

The Active Believer

By
Rev. Goeng-ho Bae(Th. D)

2009
Young Moon Publishing Co.,
Seoul, Korea

머리말

할렐루야!

하나님의 구원역사는 전적으로 하나님의 주권적인 은혜로 이뤄졌습니다. 그리고 이 하나님의 구원역사에는 하나님의 마음에 합당한 자들을 도구로 사용하셨습니다. 하나님의 일에 쓰임 받은 사람들에게는 특징이 있었습니다. 그것은 하나님의 부르심을 받았을 때 행동하는 사람들이었나는 것입니다. 주의 나라를 위하여 일한 사람들은 모두 적극적으로 행동했다는 공통점을 발견할 수 있습니다. 하나님은 행동하는 사람들을 통하여 그의 구원역사를 성취해 가셨음을 알 수 있습니다. 혼탁하고 무기력한 영적 분위기 속에서 살아가는 많은 사람들에게 행동하는 신앙인들은 귀감이 될 뿐 아니라, 새로운 신앙의 도전을 주는 인물들임엔 틀림이 없습니다.

이 시대는 행동하는 신앙인이 절실히 요구되고 있습니다. 성경 속에 나오는 많은 행동하는 신앙인들 중에 구약의 요셉, 갈렙, 요시아, 나오미가 있습니다. 그리고 신약에서는 동방박사들, 안드레, 세리 레위, 백부장, 바디매오, 오네시모, 향유를 부은 여인 마리아, 루디아가 있습니다. 이들을 중심으로 말씀을 묵상하며 전파했던 것을 책으로 엮어 보았습니다.

우리가 사는 이 시대에는 성경의 무대를 누볐던 행동하는 신앙인들을 너무도 절실하게 필요로 합니다. 세상을 변화시키는 사람들, 하나님의 뜻을 적극적으로 이루어 드리는 행동하는 신앙인들이 많아야 하겠습니다.

주님은 바로 우리 한 사람 한 사람이 행동하는 신앙인이 되기를 원하십니다. 우리 모두가 행동하는 신앙인이 되어야 합니다.

이 책의 모든 수익금이 교회 확장을 위한 헌금으로 드려질 수 있도록 발간을 위해 수고하신 모든 분들께 감사드리며, 특히 최기철 목사님과 공혜숙 전도사님의 노고에 깊은 감사를 표합니다.

주후 2009년 12월 초 성탄절을 기다리면서
남천교회 서재에서 **배굉호**

Contents

머리말 • 3

1. 행동하는 신앙인-갈렙(여호수아 14:6-15) …… 7
2. 행동하는 신앙인-나오미(룻기 1:6-14) …… 24
3. 행동하는 신앙인-동방의 박사들(마태복음 2:1-12) …… 41
4. 행동하는 신앙인-루디아(사도행전 16:13-15) …… 56
5. 행동하는 신앙인-마리아(마가복음 14:3-9) …… 73
6. 행동하는 신앙인-바디매오(마가복음 10:46-52) …… 90
7. 행동하는 신앙인-백부장(마태복음 8:5-13) …… 107
8. 행동하는 신앙인-세리 레위(누가복음 5:27-32) …… 125
9. 행동하는 신앙인-안드레(요한복음 1:35-42) …… 142
10. 행동하는 신앙인-오네시모(빌레몬서 1:8-14) …… 160
11. 행동하는 신앙인-요셉(창세기 45:4-15) …… 175
12. 행동하는 신앙인-요시야(열왕기하 23:21-25) …… 195

⁶때에 유다 자손이 길갈에 있는 여호수아에게 나아오고 그니스 사람 여분네의 아들 갈렙이 여호수아에게 말하되 여호와께서 가데스 바네아에서 나와 당신에게 대하여 하나님의 사람 모세에게 이르신 일을 당신이 아시는 바라 ⁷내 나이 사십 세에 여호와의 종 모세가 가데스 바네아에서 나를 보내어 이 땅을 정탐케 하므로 내 마음에 성실한대로 그에게 보고하였고 ⁸나와 함께 올라갔던 내 형제들은 백성의 간담을 녹게 하였으나 나는 나의 하나님 여호와를 온전히 좇았으므로 ⁹그 날에 모세가 맹세하여 가로되 네가 나의 하나님 여호와를 온전히 좇았은즉 네 발로 밟는 땅은 영영히 너와 네 자손의 기업이 되리라 하였나이다 ¹⁰이제 보소서 여호와께서 이 말씀을 모세에게 이르신 때로부터 이스라엘이 광야에 행한 이 사십 오년 동안을 여호와께서 말씀하신대로 나를 생존케 하셨나이다 오늘날 내가 팔십 오세로되 ¹¹모세가 나를 보내던 날과 같이 오늘날 오히려 강건하니 나의 힘이 그 때나 이제나 일반이라 싸움에나 출입에 감당할 수 있사온즉 ¹²그 날에 여호와께서 말씀하신 이 산지를 내게 주소서 당신도 그 날에 들으셨거니와 그곳에는 아낙 사람이 있고 그 성읍들은 크고 견고할지라도 여호와께서 혹시 나와 함께 하시면 내가 필경 여호와의 말씀하신대로 그들을 쫓아내리이다 ¹³여호수아가 여분네의 아들 갈렙을 위하여 축복하고 헤브론을 그에게 주어 기업을 삼게 하매 ¹⁴헤브론이 그니스 사람 여분네의 아들 갈렙의 기업이 되어 오늘까지 이르렀으니 이는 그가 이스라엘의 하나님 여호와를 온전히 좇았음이며 ¹⁵헤브론의 옛 이름은 기럇 아르바라 아르바는 아낙 사람 가운데 가장 큰 사람이었더라 그 땅에 전쟁이 그쳤더라

(여호수아 14:6-15)

01

행동하는 신앙인 — 갈렙

오늘 우리는 행동하는 신앙인의 모델 갈렙을 만나 봅니다. 갈렙 하

면 가데스바네아에서의 용감한 신앙고백 장면을 떠올리게 됩니다. 그는 행동하는 신앙인이었습니다. 성경은 그를 '그니스 사람 여분네의 아들 갈렙'으로 소개합니다. '그니스 사람'(the Kenezite)은 본래 일찍부터 팔레스틴 주변에 거주하던 에돔 족속 중 하나(창 36:11,15)로, 아마 이 족속 중 일부가 이스라엘의 유다 지파에 합류되었던 것 같습니다. 이스라엘의 정탐꾼이었던(민 13:6) 갈렙은 가나안 정복 전쟁의 용사로서 이스라엘 중에서 큰 역할을 감당했습니다. 순수 히브리 혈통이 아닌 갈렙(Galeb)이 이스라엘의 대표로 뽑힌 것으로 보아 그의 충성심과 용감함, 그리고 겸손함이 많은 사람들에게 신뢰를 받았을 것으로 보입니다. 그들이 막강한 집안인 유다 지파에서 족장 중의 한 사람으로 활약을 한다는 것은 큰 축복이 아닐 수 없습니다. 갈렙이란 이름의 뜻은 '공격한다' 입니다. 그는 매사에 신중하고 적극적이었을 뿐 아니라 충성된 사람이었을 것으로 보입니다. 갈렙은 행동하는 신앙인의 영원한 모델입니다.

1. 온전히 하나님만을 좇은 행동하는 신앙인

갈렙은 하나님을 온전히 좇는 일에 결단하는 믿음의 사람이었습니다. 본문에서 '여호와께서 말씀하신 대로' 라는 말이 다섯 번이나 나온 것으로 미루어 알 수 있습니다. "내 나이 사십 세에 여호와의 종 모세가 가데스 바네아에서 나를 보내어 이 땅을 정탐케 하므로 내 마음에 성실한대로 그에게 보고하였고 나와 함께 올라갔던 내 형제들은 백성의 간담을 녹게 하였으나 나는 나의 하나님 여호와를 온전히 좇았으므로 그 날에 모세가 맹세하여 가로되 네가 나의 하나님 여호와를 온전히 좇았은즉 네 발로 밟는 땅은 영영히 너와 네 자손의 기업이 되리라 하였나이다"(7-9)

  '온전히'란 말은 '충만하다', '만족시키다'란 뜻입니다. 곧 '온전히 좇았다'란 말씀은 '하나님께서 만족하실 정도로 충분히 그분의 뜻에 순종했다'는 말입니다. 갈렙은 말씀을 믿음으로 순종한 인물이었습니다. 갈렙은 출애굽 때부터 광야 40년 동안 온전히 여호와를 좇았습니다. 그가 하나님의 말씀을 온전히 좇았다는 것이 가데스바네아 사건 때에 입증되었습니다. 이스라엘 백성들이 가데스바네아에 도착했을 때, 모세가 가나안 땅을 정탐할 정탐꾼을 각 지파에서 족장 한 명씩 열두 명을 뽑았습니다(민 13장). 그때 갈렙이 유다 지파의 대표로 선발되었습니다. -성경은 그의 아버지가 '여분네'라고 기록하고 있습니다. '여분네'의 뜻은 '하나님께서 돌이키신다' 입니다.- 그는 에브라임 지파의 대표로 뽑힌 눈의 아들 호세아(여호수아)와 각 지파의 대표들과 함께 가나안 땅을 정탐하고 오라는 모세의 명령을 받았습니다. 그들은 40일 동안 가나안 땅을 정탐하면서 여기저기 샅샅이 살폈을 것입니다. 갈렙은 여호수아와 함께 돌아와서 다른 열 명과 다르게 보고했습니다. 열 명의 정탐꾼들은 아주 사실적인 보고를 하였습니다. 사실 그대로 보고한 이들의 보고가 결코 잘못된 것은 아닙니다. 그런데 여호수아와 갈렙의 보고는 사실대로 보고를 하되 믿음의 관점에서 보고했습니다.

  열 명의 정탐꾼들은 '과연 그 땅은 하나님께서 우리에게 약속하신 젖과 꿀이 흐르는 땅이다. 그곳에는 열매도 크고 모든 것이 풍성하다. 그러나 그 땅에 사는 사람들은 우리가 감당할 수 없을 만큼 크고 강한 백성들이었다. 그들에 비하면 우리는 마치 메뚜기에 불과했다'고 보고했습니다. 이 소식을 들은 백성들이 밤새 통곡하며, 우리가 애굽 땅에서 죽었으면 좋았을 텐데 왜 우리를 여기까지 데려와서 망하게 하느냐고 모세와 아론을 원망했습니다. 이 보고는 가나안 땅에 대한 악평이었으며, 부정적이며 선동적인 보고였습니다. 이스라엘은 오로지 젖과 꿀이 흐르는 땅으로만 생각하고 온갖 고생을 견디며 여기까지 왔습니다. 그런데 이미 그 땅에는 주인이 있고, 그 주인은 우리가 감당하기 어려울 만큼 강한 족속이라는 보고에 그들의 소망이 무참히 무너진 것입니다. 그러니 이런 보고를 하나님께서 기뻐하실 리가 없습니다.

그러나 갈렙과 여호수아는 사실 그대로 보고하되, 하나님을 신뢰하고 따르는 믿음의 보고를 하였습니다. '그 땅은 하나님께서 우리에게 주시겠다고 약속하셨고, 우리 조상들이 그렇게 믿고 소망하고 확신한 땅이다. 그러므로 비록 그 땅에 살고 있는 사람들이 크고 강대하다 할지라도, 우리가 하나님을 믿고 신뢰한다면 하나님은 반드시 그 땅을 우리에게 주실 것'이라고 보고했습니다. 강한 믿음과 확신과 신뢰가 담긴 보고였습니다. 이런 보고를 하자 흥분한 이스라엘 백성들은 갈렙과 여호수아를 향해 돌을 던지려고 했습니다. 그러나 그들은 담대하게 믿음의 보고를 함으로써 하나님 편에 섰습니다. 갈렙은 온전히 하나님을 좇았습니다. 그리고 결단하고 행동했습니다. 다수의 사람들은 눈앞에 나타난 어려운 현실을 보고 하나님의 말씀을 잊어버리고 애굽으로 돌아가자고 외쳤습니다. 그러나 갈렙과 여호수아는 변함없이 하나님을 온전히 좇는 결단을 보여주었습니다.

우리도 신앙생활을 하다 보면 당면한 문제 때문에 낙심하고 좌절할 때가 있습니다. 이때 우리는 현실을 너무 크게 의식한 나머지 낙심하여 믿음이 약해질 때가 있습니다. 여기서 하나님을 온전히 좇는 사람과 그렇지 못한 사람이 구별됩니다. 믿음이 없는 사람들의 눈에는 그 땅이 삼키는 땅이요, 그 거민에 비하면 자신들은 메뚜기만도 못한 존재로 보였습니다. 그러나 믿음이 있는 두 사람의 눈에는 그 땅은 아름다운 땅이요, 그 거민은 그들의 밥으로 보였습니다. 갈렙은 끝까지 오직 하나님을 온전히 좇은 신앙인이었습니다. 갈렙은 여호수아와 함께 모세와 아론의 편에 서서 하나님을 온전히 좇았습니다. 갈렙은 자기의 지혜와 주장대로 하지 않고 하나님의 말씀을 좇았습니다. 자기의 생각으로는 이해가 안 되어도 하나님의 말씀을 믿음으로 순종하는 삶을 살았던 신앙인입니다. 그것이 갈렙의 유일한 삶의 원칙이었습니다. 갈렙은 변함없이 온전히 하나님을 좇았습니다. 많은 사람들은 환경에 따라서 믿음이 변절됩니다. 그러나 참된 믿음의 사람은 갈렙처럼 시종일관 변함없이 하나님을 좇습니다.

도중에 변절되어 하나님을 좇지 못하고 실패한 사람들도 많습니다. 가룟 유다는 열두 제자의 영광스런 반열에 세움을 받았으나 끝까지 주님을 좇지 못하고, 은 30에 예수님을 팔고서 결국 목을 매어 자살하고 말았습니다. 사울왕도 하나님의 특별한 은혜로 이스라엘 왕국의 초대 왕이 되었지만, 하나님을 온전히 좇지 못한 결과 비참하게 인생을 끝낸 실패자가 되고 말았습니다. 사도 바울을 따라 나섰던 전도자

데마 역시 끝까지 주님을 좇지 못하고 세상을 좇아간 실패자입니다.

러시아 제국의 마지막 황제는 니콜라이 2세입니다. 니콜라이 2세가 러시아를 다스리는 동안, 정치와 외교 등의 모든 분야에 걸쳐 뒤에서 황제를 조종하며 막강한 권력을 행사하던 라스푸틴이라는 사람이 있었습니다. 그는 원래 권력이나 정치와는 전혀 상관이 없었던 사람입니다. 시베리아의 한 시골에서 태어난 그는 매일 말씀을 연구하며 기도하던 지극히 평범한 수도사였습니다. 그런 그가 전국 각지를 돌며 예언을 하고 병을 고치게 되면서부터, 러시아 국민들로부터 존경을 한 몸에 받았습니다. 그는 많은 사람들로부터 '성자'로 불릴 만큼 신실한 수도사였습니다. 이러한 소문이 황제가 살고 있는 궁전까지 전해지게 되어, 나중에는 황후 알렉산드라의 신임을 받아 마음껏 궁전 출입도 할 수 있게 되었습니다.

그러던 어느 날, 니콜라이 황제의 아들이 피가 멈추지 않는 혈우병 증세가 나타났습니다. 황후 알렉산드라는 수많은 의사들을 청하여 고치려 했지만 허사였습니다. 결국 황후는 라스푸틴에게 왕자의 병을 고쳐달라고 부탁했습니다. 그래서 라스푸틴이 왕자 앞에서 기도를 했는데 계속 흐르던 피가 즉각 멈추었습니다. 이 일이 있은 후부터 라스푸틴 수도사는 더욱 황후로부터 신임을 받게 되었습니다. 그렇게 되자 수도사였던 그가 기도하고 말씀을 연구하는 본분을 망각하고, 황제와 황후의 배경을 이용하여 직접적으로 정치에 깊이 관여하게 된 것이 문제가 되었습니다. 그는 나라의 모든 분야에서 정치세력을 확장해 나갔습니다. 라스푸틴의 힘이 미치지 않는 곳이 없었습니다. 막강한 권력으로 나라를 마음대로 흔들었습니다. 마지막에는 황제의 부인 알렉산드라 황후와의 불미스런 소문까지 나라 안에 퍼지게 되었습니다. 그러나 그렇게 막강했던 그의 권력도 길지 못했습니다. 1916년 12월 16일, 황제의 충성스러운 신하들에 의해 살해되어 44세의 젊은 나이에 비참하게 생을 마감하게 되었습니다. 전해지는 이야기로는 그를 죽이려고 술과 과자에 독을 넣어도 죽지 않자, 총으로 쏘아 죽인 후에 그 시신을 강에 버렸다고 합니다.

우리 주위에서도 가끔 라스푸틴과 비슷한 사람들을 볼 수 있습니다. 시작은 좋았지만 마무리가 좋지 않은 사람들입니다. 처음에는 믿음으로 살겠다고 열심을 내다가 시간이 지나면서 주저앉아 버리는 사람들입니다. 처음에는 믿음으로 산을 옮길 듯도 하다가, 환경이 좋아지거나 어려운 일이 생기면 믿음의 추진력이 떨어집니다. 그러다가 나중에는 한 발자국도 전진하지 못하고 제자리걸음만 하는 사람들이 많습니다. 믿음의 시작이 중요하지만 그 믿음을 변함없이 지속하는 일은 더욱 중요합니다.

참 믿음의 사람은 온전히 주님을 좇는 사람입니다. 믿음의 조상 아브라함도 하나님께서 '고향 갈대아 우르를 떠나 내가 네게 지시할 새로운 땅으로 가라'고 명령하셨을 때, 그는 온전히 하나님의 말씀을 좇아 본토와 친척과 아비집을 떠났습니다. 100세에 낳은 아들 이삭을 모리아산에서 번제로 드리라 하실 때도 그는 하나님의 말씀을 온전히 좇았습니다. 다윗도 항상 하나님의 말씀을 온전히 좇아 살았던 믿음의 사람입니다. 다윗은 전쟁터에 나갈 때마다 하나님께 물었습니다. 하나님께서 가라 하시면 나아가 승리했고, 가지 말라고 하시면 가지 않았습니다. 하나님은 그를 마음에 합한 사람으로 여기시고 귀하고 아름답게 사용하셨습니다. 갈렙도 일편단심 변하지 않는 믿음의 소유자였습니다. 어떤 환경에서도 초지일관 온전히 하나님을 좇은 믿음의 사람이었습니다.

우리도 어떤 경우에도 갈렙처럼 온전히 하나님 편에 서서 하나님의 말씀만 좇는 행동하는 믿음의 성도들이 됩시다.

2. 인내하며 행동하는 신앙인

갈렙은 45년간 하나님의 약속대로 될 줄 믿고 인내한 신앙인입니다. 45년 전에 하나님께서 하신 약속을 그대로 간직하고 기다렸다가 때가 되매 행동에 옮긴 믿음의 사람입니다. "내 나이 사십 세에 여호와의 종 모세가 가데스바네아에서 나를 보내어 이 땅을 정탐케 하므로 내 마음에 성실한대로 그에게 보고하였고 나와 함께 올라갔던 내 형제들은 백성의 간담을 녹게 하였으나 나는 나의 하나님 여호와를 온전히 좇았으므로 그 날에 모세가 맹세하여 가로되 네가 나의 하나님 여호와를 온전히 좇았은즉 네 발로 밟는 땅은 영영히 너와 네 자손의 기업이 되리라 하였나이다 이제 보소서 여호와께서 이 말씀을 모세에게 이르신 때로부터 이스라엘이 광야에 행한 이 사십 오년 동안을 여호와께서 말씀하신대로 나를 생존케 하셨나이다"(7-10)

갈렙은 45년 동안 한결 같이 믿음을 지켰습니다. 그는 인내하며 기다릴 줄 아는 신앙인이었습니다. 자기와 함께 모세의 명을 따라 가나안 정탐꾼으로 갔던 여호수아는 이스라엘의 총사령관이 되어 항상 앞장 서서 모든 일을 수행했습니다. 그러나 갈렙은 언제나 전면에 부각되지 않고 항상 뒤에서 보조자 역할을 했습니다. 그러나 그는 하나님을 온전히 좇으며 인내하면서 45년이란 세월을 기다렸습니다. 하나님의 약속을 의지하고 기다렸습니다.

우리는 너무 조급할 때가 많습니다. 기도 응답이 늦다고 낙심합니다. 새벽기도를 며칠 하고서 응답이 없다고 포기합니다. 1주일 하고 중단하고, 1개월 가량 하다가 하차하고, 1년이 지나도 응답이 없다며 실망하면서 원망합니다. 갈렙이 45년을 기다리다 보니 어느덧 85세가 되었습니다. 그래도 그의 믿음은 변치 않았습니다. 성경에 나타난 인물들은 다 믿음으로 기다릴 줄 아는 사람들이었습니다.

요셉은 13년 동안 시련의 날들 속에서도 꿈의 약속을 믿었고, 야곱은 20년 동안 축복의 약속을 믿었습니다. 아브라함은 약속의 자녀를 25년 동안 믿음으로 기다렸으며, 노아는 120년 동안 하나님의 약속을 기다리며 믿음으로 방주를 만들었습니다. 어린 다윗은 골리앗 앞에서도 담대한 믿음을 가졌습니다. 다윗은 환경이나 대세를 보거나, 천하무적 골리앗도 보지 않았습니다. 오직 만군의 여호와 하나님만 바라보고 믿음으로 돌을 던질 때에 하나님이 승리하게 하셨습니다. 모세도 미디안 광야에서 40년을 인내한 후에 하나님의 부르심을 받았습니다. 다윗도 골리앗을 물리친 후 이스라엘의 장군이 되었고, 사울왕의 추격을 받아 도망도 다녔고, 여러 번 죽을 고비를 넘겼으며, 다른 나라에 망명을 가서 미친 사람의 흉내를 내기도 했던 수모의 세월을 보내면서도 하나님만 바라보며 인내한 결과 왕이 된 믿음의 사람입니다.

갈렙은 나이를 초월하여 믿음을 행동으로 보여 주었습니다. 옛날이

나 지금이나 85세면 노인입니다. 아무리 옛날 사람들은 환경이 좋아 건강하다 해도 85세는 청년의 나이가 아닙니다. 그러나 갈렙에게는 나이가 문제되지 않았습니다. 그는 하나님을 온전히 좇는 믿음으로 인내하며 기다리다가 때가 되어 그 믿음을 행동으로 옮겼습니다. 하나님의 일을 하는 데는 나이가 문제되지 않습니다. 모세 역시 80세에 하나님의 부르심을 받아 이스라엘의 지도자가 되어 담대하게 바로왕 앞에 나아가 애굽에서 노예생활을 하던 이스라엘을 구원해 내었습니다. 그런데 요즈음은 50세가 조금 넘으면 노인처럼 행동하려는 사람들이 있습니다. 나이가 조금 들면 남·여전도회나 교회 봉사를 하지 않으려고 하는 젊은 늙은이들이 많습니다. 이것은 본인뿐 아니라 교회적으로도 손해입니다. 아직 한창 일할 나이에 이런 생각을 한다면 매우 어리석은 사람입니다. 갈렙은 85세까지 기다렸다가 '이 산지를 내게 달라' 며 믿음을 행동으로 옮긴 인내의 사람입니다.

맥도널드 하면 모르는 사람이 없을 정도로 전 세계에 널리 퍼져 있습니다. 빨강색 바탕에 노란색으로 'M' 이라고 쓰여 있는 맥도널드 햄버거 식당은 코카콜라와 함께 미국과 수교한 모든 나라에 들어가 있습니다. 6대주 모든 대륙의 대도시 뿐 아니라 시골 구석구석마다 맥도널드 햄버거 식당이 있습니다. 맥도널드는 맥도널드 형제에 의해 만들어졌습니다. 그러나 맥도널드가 세계적인 레스토랑 체인이 될 수 있었던 것은 레이콕이라는 사람 때문이었습니다. 그는 중학교 중퇴 후에 디스크자키, 부동산 중개인, 세일즈맨 등 여러 차례 직업을 바꾸었습니다. 그런데 그가 52세가 되었을 때였습니다. 그는 당시 밀크 쉐이크 기계 판매업을 하다가 맥도널드 형제가 운영하는 햄버거 식당에 들어가게 되었습니다. 그때 그곳에서 '전국에 햄버거 식당 체인점이 있으면 좋겠다'는 비전을 갖게 되었습니다. 당시에는 그가 생각하던 패스트 푸드나 프랜차이즈라는 개념도 없는 상태에서 전국에 햄버거 체인점을 세우겠다는 비전을 품은 것입니다. 그러나 그 비전을 이루기 위해서는 그의 나이가 너무 많은데다 돈도 없었습니다. 그뿐 아니라 관절염과 당뇨병에다 갑상선까지 앓고 있었습니다. 모든 것이 불가능한 상황이었습니다. 그러나 그는 전 세계인들이 먹을 수 있는 햄버거 레스토랑을 기필코 만들겠다는 비전을 포기하지 않았습니다. 비전을 이룰 수 없는 상황에서도 용기를 잃지 않았습니다. 그는 용기를 내어 햄버거 체인점을 하나씩 만들어 갔습니다. 결국 그는 패스트 푸드의 개척자가 되었고, 프랜차이즈라는 새로운 개념을 만들게 되었습니다. 그래서 조지 바나라는 학자는 그를 가리켜 '전형적인 비전의 사람, 용기 있는 비전의 사람'이라고 말했습니다. 레이콕은 용기 있는 사람이었습니다. 그리고 그의 용기로 인하여 전 세계인들이 맥도널드 햄버거를 먹을 수 있게 되었습니다.

우리도 인내하며 기다리는 믿음의 신앙인이 되어야 합니다. 나이가 문제가 아닙니다. 나이가 많을수록 신앙심은 더 깊어갑니다. 더 많은 은혜를 체험하게 되고, 더 많은 기도를 할 수 있고, 더 열심히 전도하고 봉사할 수 있습니다. 사도 바울은 '겉 사람은 후패하나 속사람은 날마다 새롭다'고 고백했습니다. 우리 교회에도 연세 많으신 훌륭한 성도들이 많습니다. 이 분들을 통하여 하나님의 놀라운 믿음의 역사가 일어나길 기원합니다.

우리도 45년 동안 인내하며 기다린 갈렙처럼 너무 서두르거나 쉽게 낙심하지 말고, 때가 오면 믿음으로 행동에 옮기는 성공적인 신앙인이 됩시다.

3. 개척정신을 가지고 믿음으로 도전한 비전 있는 신앙인

갈렙의 나이 85세였으나 그는 개척자였습니다. 기경하기 쉽고 좋은 땅이 눈앞에 있었지만, 오히려 강한 적들이 기다리고 있는 헤브론 산지를 요구했습니다. "그 날에 여호와께서 말씀하신 이 산지를 내게 주소서"(12)

갈렙의 나이가 85세였지만 그는 쉴 줄 모르는 비전을 가지고 있었습니다. 그는 헤브론 땅에 대한 비전이 있었습니다. 사실 갈렙은 그 헤브론 땅을 요구하지 않아도 됩니다. 그는 여호수아처럼 이스라엘의 지도자였으며, 혁혁한 공을 세운 영웅이며, 어른이었습니다. 그는 가장 좋은 땅을 받으며 융숭한 대접을 받을 만한 자격이 있었습니다. 모세가 갈렙에게 "네가 나의 하나님 여호와를 온전히 좇았은즉 네 발로 밟는 땅은 영영히 너와 네 자손의 기업이 되리라"(9)고 맹세했었습니다. 갈렙은 가나안 땅의 제일 좋고 아름다운 곳을 기업으로 받을 권리가 있었습니다. 그럼에도 불구하고 그는 아낙 사람들 가운데서 가장 크고 강력한 사람들이 살고 있는 그 땅을 요구했습니다.

이런 결단을 내린 것이 늙은 갈렙의 만용이거나 혹은 그의 판단력이 흐려졌기 때문이 아닙니다. 그는 11절에서 말하기를 오히려 45년 전보다 더 건강하고, 힘은 그때나 지금이나 일반이라고 말합니다. "모세가 나를 보내던 날과 같이 오늘날 오히려 강건하니 나의 힘이 그 때나 이제나 일반이라 싸움에나 출입에 감당할 수 있사온즉 그 날에 여호와께서 말씀하신 이 산지를 내게 주소서"(11-12) 이 말은 갈렙이 45년 전이나 지금이나 건강과 힘이 똑같다는 말이 아닙니다. 갈렙이 하나님을 신앙하는 믿음의 힘이 더 성숙했다는 말입니다. 이것이 갈렙의 믿음이요, 삶의 모습입니다. 그는 결코 화려하게 드러나지 않으면서도 보이지 않는 곳에서 여호수아를 도우며 묵묵히 하나님의 사역을 감당한 믿음의 사람이었습니다. 이 사건 이후에도 성경에서 갈렙의 발자취를 구체적으로 찾기는 어렵습니다.

우리는 갈렙의 개척정신과 도전정신을 본받아야 합니다. 가나안 정복을 끝내고 가나안 땅을 분배하는 자리에서 모든 사람들이 좋은 땅을 얻기 위해 혈안이 되어 있을 때, 누가 보아도 좋은 자리를 차지해야 할 갈렙이 험한 산지를 갖겠다고 나선 것입니다. 기득권을 누리겠다는 것이 아닙니다. 새롭게 도전하고, 개척하고, 창조할 기회를 달라는 것입니다. 평지가 아닌 산지를, 옥토가 아닌 거친 산야를, 푸른 초장이 아닌 험한 산지를 요구하는 갈렙의 신앙과 용기 있는 개척정신과 도전정신을 우리는 본받아야 합니다. 육체적인 나이는 85세였지만, 그의 생각은 아직 청년이었습니다.

그런데 우리 주위에는 늙은 청년들이 너무 많습니다. 실제 나이는 20대이지만 80-90대 노인처럼 하루 종일 집 안에서 무기력하게 생활하는 늙은 청년들이 많습니다. 나이에 걸맞지 않게 미리 늙어버린 청년들이 많습니다. 또 분명히 육적인 나이는 노인이 아닌데 노인 행세를 하려는 사람들도 많습니다. 우리의 영적인 삶도 마찬가지입니다.

담대한 믿음이 없이는 결코 믿음의 승리자가 될 수 없습니다. 담대한 용기가 있어야 승리의 깃발을 꽂을 수 있고, 담대한 용기가 있어야 믿음의 승리자가 될 수 있습니다. 본문의 갈렙은 초지일관하는 믿음과 담대한 용기가 있었습니다. 우리에게도 85세의 갈렙이 품었던 용기가 필요합니다. 우리 앞에도 크고 견고한 헤브론 산지와 같은 엄청난 장애물이 있을 수 있습니다. 비록 아낙자손과 같은 방해꾼이 있을지라도 주눅들지 말고, 갈렙의 개척정신과 도전정신을 본받아야 합니다.

거창고등학교에는 '직업 선택 십계명'이 있습니다. ①월급이 적은 쪽을 택하라. 소유를 초월하고, 생계를 위해서 살지 말라는 것입니다. 이 정도의 마음 자세가 되면 세상에 겁날 것이 없습니다. ②내가 원하는 곳이 아니라 나를 필요로 하는 곳으로 가라. ③승진의 기회가 없는 곳으로 가라. ④모든 조건이 갖추어진 곳은 피하고 처음부터 시작해야 할 황무지를 택하라. 개척정신과 도전정신과 모험정신을 가지라는 말입니다. ⑤앞 다투어 모이는 곳은 피하고 아무도 가지 않는 곳으로 가라. ⑥장래성이 전혀 없는 곳, 그러나 기쁨으로 일할 수 있는 곳으로 가라. 사명자의 양식은 기쁨입니다. 예수님은 '나는 너희들이 알지 못하는 양식이 있다'고 말씀하셨습니다. 도전정신을 가진 사람에게는 바로 이런 양식이 있습니다. ⑦사회적으로 부러움의 대상이 되지 말고 존경의 대상이 되라. ⑧한 가운데가 아니라 가장자리로 가라. ⑨주위 사람들, 가족이나 배우자가 반대하면 틀림없다. 그 곳으로 가라. ⑩왕관이 아니라 단두대, 즉 십자가가 있는 곳으로 가라. 한 마디로 말하면 편한 길이 아닌 바른 길을 가라는 말입니다. 안주하는 삶이 아니라 도전하는 삶을 살라는 말입니다.

'KFC'라는 간판을 많이 보았을 것입니다. 이것은 '켄터키 후라이드 치킨'이라는 말의 약자로, 전 세계에 체인점을 둔 미국의 유명한 통닭점입니다. 이 사업을 시작한 켄터키는 20대 초반에 결혼을 했습니다. 그는 큰 꿈을 가지고 사업을 시작했으나 몽땅 망하게 되자 아내마저 그의 곁을 떠나고 말았습니다. 그는 살고 싶은 의욕을 잃고 수면제와 술을 잔뜩 마신 후에 고속도로로 나왔습니다. 한참 가다가 맥이 풀려서 길가에 차를 세워두고 있었는데, 지나가던 사람이 쓰러져 있는 그를 발견했습니다. 그래서 구급차로 병원으로 후송해서 수면제를 토하게 하여 그를 소생시켰습니다. 의식이 깨어난 켄터키는 '누가 내 생명을 살렸느냐'며 화를 내며 링겔을 빼어버렸습니다. 캔터키는 그때부터 금식이 아닌 굶식을 시작했습니다. 3일째 되던 날 아침, 밖에서 여인의 노랫소리가 매우 흥겹게 들려 왔습니다. "내 주를 가까이 하게 함은 십자가 짐 같은 고생이나 내 일생 소원은 늘 찬송하면서 주께 더 나가기 원합니다" 캔터키가 복도에 나와서 보니 노래를 부른 사람은 바로 청소를 하는 흑인 중년 부인이었습니다. 그런데 그녀의 발뒤꿈치를 보니 세 군데나 동전이 들어갈 정도로 크게 갈라져 있었고, 그 모습은 너무도 초라하게 보였습니다. 그 당시 캔터키는 예수를 믿지 않았습니다. 그는 '이상하다. 흑인에다가 청소부 주제에 뭐가 그렇게 좋아서 흥얼거릴까?' 이상하게 생각하며 그 여인을 유심히 보니 얼굴이 천사처럼 빛났으며, 눈동자에서는 빛이 났습니다. 너무나 신기해서 물었습니다. "아주머니, 무엇이 그렇게도 기쁩니까?" 흑인 여자가 대답했습니다. "예수 믿고 구원받았으니 기쁘지요." 다시 물었습니다. "예수를 믿으면 그렇게 기쁜 것입니까?" "그렇습니다. 청년도 예수를 믿게 되면 나보다 더 기뻐할 것입니다." 이렇게 되어 흑인 여인으로부터 권유를 받아 캔터키가 예수님을 영접하게 되었습니다.

나중에 그가 퇴원할 때 그 흑인 아주머니가 약간의 돈을 주었습니다. 그래서 그 돈으로 닭을 한 마리 사서 그것으로 부위별로 잘라 튀겼는데 맛이 좋았습니다. 그는 '이것을 나 혼자 먹으면 안 되겠다. 밖에 나가서 팔아봐야 하겠다'고 생각했습니다. 그래서 닭 한 마리를 팔아서 세 마리를 샀습니다. 그리고 그 세 마리를 요리해서 팔아 아홉 마리를 샀습니다. 맛이 있다고 소문이 나자 그 때부터 '켄터키 후라이드 치킨'이란 간판을 걸고 팔기 시작한 것이 오늘날 세계적인 체인점으로 성장하게 된 것입니다. 그는 억만장자가 되었습니다. 그는 언제나 '내 주를 가까이 하게 함은'이라는 찬송을 부르면서 기쁨으로 일을 했습니다. 그러자 점점 부자가 되어 세 가지 일을 시작하게 되었습니다. 먼저 오갈 곳이 없는 노인들을 위한 양로원을 설립하여 후원하고, 고아들을 돕는 고아원을 지원하고, 그리고 복음을 위해 목숨을 건 선교사들을 도왔습니다. 그러던 중 1986년에 켄터키가 세상을 떠났을 때 미국 남부의 많은 사람들이 울었다고 합니다. 켄터키가 죽음에서 살려주시고 구원해 주신 하나님의 은혜를 갚기 위해 오직 말씀대로 순종하는 삶, 겸손한 삶, 죽도록 충성하는 삶을 살 때에 이런 큰 축복을 허락해 주셨습니다.

한 해가 다 저무는 이 시점에서 우리도 갈렙처럼 하나님의 말씀을 믿음으로 순종하고, 겸손하게, 그리고 죽도록 충성하도록 노력해야 하겠습니다. 그래서 하나님께 인정받는 자가 되어 새해에는 더욱 강하게 쓰임을 받을 수 있기를 바랍니다.

우리도 갈렙처럼 하나님을 위한 일, 가치 있는 일을 위해 개척정신을 가지고 담대하게 도전하는 삶을 살아야 하겠습니다. 비록 우리 앞에 적들이 있을지라도 하나님이 원하시고, 하나님의 나라와 교회를 위한 일이라면 도전해 볼 만합니다. 갈렙은 하나님의 약속의 땅을 얻기 위하여 비전을 가지고 나아가 마침내 그 땅을 취했습니다. 갈렙이 믿음으로 얻은 그 땅 헤브론은 이스라엘의 첫 수도가 되었고, 믿음의 조상 아브라함과 이삭과 야곱과 요셉의 묘지가 있는 영적 성지가 되었습니다.

우리도 평생 하나님의 말씀을 좇아 살아가는 행동하는 신앙인이 됩시다. 인내하며 기다리다가 하나님께서 기회를 주실 때 믿음으로 행동하는 신앙인이 됩시다. 하나님의 나라와 교회를 위하여, 복음을 위하여, 그리고 하나님의 영광을 위하여 도전하고 투자하는 비전을 이루는 행동하는 신앙인이 됩시다. 아멘.

⁶그가 모압 지방에 있어서 여호와께서 자기 백성을 권고하사 그들에게 양식을 주셨다 함을 들었으므로 이에 두 자부와 함께 일어나 모압 지방에서 돌아오려 하여 ⁷있던 곳을 떠나고 두 자부도 그와 함께하여 유다 땅으로 돌아오려 길을 행하다가 ⁸나오미가 두 자부에게 이르되 너희는 각각 어미의 집으로 돌아가라 너희가 죽은 자와 나를 선대한 것 같이 여호와께서 너희를 선대하시기를 원하며 ⁹여호와께서 너희로 각각 남편의 집에서 평안함을 얻게 하시기를 원하노라 하고 그들에게 입 맞추매 그들이 소리를 높여 울며 ¹⁰나오미에게 이르되 아니니이다 우리는 어머니와 함께 어머니의 백성에게로 돌아가겠나이다 ¹¹나오미가 가로되 내 딸들아 돌아가라 너희가 어찌 나와 함께 가려느냐 나의 태중에 너희 남편 될 아들들이 오히려 있느냐 ¹²내 딸들아 돌이켜 너희 길로 가라 나는 늙었으니 남편을 두지 못할지라 가령 내가 소망이 있다고 말한다든지 오늘 밤에 남편을 두어서 아들들을 생산한다 하자 ¹³너희가 어찌 그것을 인하여 그들의 자라기를 기다리겠느냐 어찌 그것을 인하여 남편 두기를 멈추겠느냐 딸들아 그렇지 아니하니라 여호와의 손이 나를 치셨으므로 나는 너희로 인하여 더욱 마음이 아프다 ¹⁴그들이 소리를 높여 다시 울더니 오르바는 그 시모에게 입 맞추되 룻은 그를 붙좇았더라

(룻기 1:6-14)

02

행동하는 신앙인 — **나오미**

어떤 성도가 사업에 열중하느라 신앙생활이 신통치 않았습니다. 날마다 사업에 매달리다 보니 직분에 충실하지도 못했습니다. 그런데

언젠가부터 사업이 점점 기울기 시작하자 다급해졌습니다. 동분서주 뛰어보았지만 마침내 부도가 나서 문을 닫게 되었습니다. 그렇게 되니 거래도 끊어지고 친구들도 멀어졌습니다. 순간 배신감과 좌절감이 몰려왔습니다. 그는 빈손으로 기도원에 들어가 금식하며 기도했습니다. 그리고 기도 중에 아주 은혜로운 깨달음을 얻게 되었습니다. 그리고 이런 고백을 했습니다. "고난을 받고 나서야 깨달은 것이 하나 있습니다. 세상과 사람들과 멀어져야 비로소 하나님과 가까워진다는 사실입니다." 이 분은 아주 비싼 공부를 한 셈입니다. 때로는 실패도 은혜가 됩니다. 한 번 실패한 것이 유익이 될 수 있습니다. 우리는 믿음으로 실패를 극복할 수 있습니다.

　본문의 나오미 역시 실패자였지만, 오히려 그 실패 때문에 믿음을 회복하게 되어 승리한 사람입니다. 나오미는 베들레헴에 기근이 들자 이방인의 땅 모압으로 이민을 떠났습니다. 그곳에서 잠깐 우거하다가 돌아오겠다고 한 것이 10년이란 세월이 흘렀습니다. 모압 땅에서 두 아들을 혼인시켰습니다. 그러나 남편 엘리멜렉이 죽고, 후에 두 아들마저 세상을 떠났습니다. 게다가 가세도 기울어져 남은 것이라곤 아무것도 없었습니다. 결국 나오미는 빈손으로 돌아오게 되었습니다. 한 마디로 나오미의 모압 행은 완벽한 실패작이었습니다. 그러나 나오미가 비록 실패는 했지만, 후에 믿음으로 모든 것을 극복하고 축복받은 여인으로 성경은 기록하고 있습니다. 실패를 믿음으로 극복한 여인 나오미는 많은 성도들의 사랑을 받는 여인이 되었습니다. 룻기서 역시 실패로 시작했다가 축복으로 마무리 되는 믿음과 소망을 선물하는 아름다운 말씀입니다. 나오미가 실패를 극복하고 승리한 기록은 우리에게 용기와 소망을 줍니다. 나오미가 실패를 극복하고 노년에 축복을 받은 것은, 이 시대를 살아가는 모든 성도들도 실패를 능히 극복할 수 있음을 보여줍니다.

우리도 실패할 수 있습니다. 지금 이 시간에도 실패를 경험하고 있는 성도들도 있을 것입니다. 그러나 우리도 믿음으로 실패를 극복할 수 있음을 기억해야 합니다. 우리도 실패를 믿음으로 극복한 나오미의 신앙을 본받읍시다.

1. 불신앙으로 인한 실패를 인정한 신앙인

나오미는 자신의 실패의 원인이 하나님을 떠난 데 있음을 인정했습니다. 나오미는 솔직하게 자신과 가정의 실패가 불신앙에 있었다고 고백합니다. "너희가 어찌 그것을 인하여 그들의 자라기를 기다리겠느냐 어찌 그것을 인하여 남편 두기를 멈추겠느냐 내 딸들아 그렇지 아니하니라 여호와의 손이 나를 치셨으므로 나는 너희로 인하여 더욱 마음이 아프도다"(13)

'여호와의 손이 나를 치셨다' 는 말씀은 자신의 불신앙을 하나님께서 심판하셨다는 뜻입니다. 나오미의 실패는 베들레헴을 떠난 데서부터 시작합니다.

나오미가 살던 시대적 배경은 하나님의 다스림을 거부하고 자기들의 생각에 좋은 대로 행하던 사사(士師)시대였습니다. 사사시대의 특징은 하나님을 잘 섬길 때는 평안을 누리다가, 하나님을 떠나 이방신들을 섬길 때는 흉년이 들거나 하나님의 진노로 이웃 나라에서 쳐들어와 전쟁이 일어났습니다. 그 당시에도 7년 동안 모압의 압제와 약탈로 이스라엘에 기근이 심하였습니다. 이때 베들레헴에 살던 신앙적인 가문인 엘리멜렉이 아내와 두 아들을 데리고 이방인의 땅 모압으로 내려갔습니다. 엘리멜렉은 '나의 하나님은 왕이시다' 란 뜻입니다. 그런데 그는 이름값을 하지 못했습니다. 하나님을 왕으로 삼은 자가 하나님이 미워하시는 이방 땅으로 도피했다는 것은 신앙적인 처세가 아닙니다. 출발부터 잘못된 것입니다. 성도는 모름지기 거룩한 곳에서 벗어나면 안 됩니다. 모압 땅이 어떤 곳입니까? 애굽은 3대만 지나면 여호와의 총회에 들어올 수 있었지만, 모압과 암몬 족속은 영원히 하나님의 총회에 들어오지 못한다는 저주받은 족속의 땅입니다(신 23:3). 나오미의 가족이 육신의 안일과 경제적인 풍요로움을 위해서 하나님의 땅을 떠난 것이 실수였습니다. 이것은 이미 실패를 예견한 행동이었습니다. 경제적 해결은 고사하고 오히려 고난만 더 받았습니다. 나오미가 고향 베들레헴에 돌아와서 "내가 풍족히 나갔더니 여호와께서 나로 비어 돌아오게 하셨느니라"(21)고 말한 것을 보면, 모압으로 갈 때 가지고 갔던 모든 재산과 재물을 다 소비했다는 말입니다.

이들이 베들레헴을 떠나 모압으로 도피한 결과는 참담한 실패뿐이었습니다. 시간만 낭비한 것입니다. 모압 땅에 잠깐 우거하겠다던 것이 10년이란 세월이 흘렀습니다. '우거' 라는 말은 오래 머무는 것을 가리키지 않습니다. 그러나 그곳에서 10년이란 세월을 보냈습니다. 문제 해결을 위해 지름길을 찾았지만 더 긴 시간을 허비하고 말았습니다. 베들레헴을 떠난 결과는 가족들의 불행이었습니다. 나오미의 남편 엘리멜렉이 죽고, 말론과 기룐 두 아들이 젊은 아내들을 두고 먼저 세상을 떠났습니다. 엘리멜렉에 이어 그의 두 아들까지 일찍 죽게 된 이유는, 그들이 언약의 땅 가나안을 떠난 죄와 이방 여인들과 결혼한 죄 때문이라고 보기도 합니다. 물론 반드시 그렇다고 볼 수만은 없지만, 아마 그들이 신앙생활을 제대로 하지 않았던 것으로 보입니다.

남편과 두 아들의 죽음, 빈 털털이, 이것이 그들이 베들레헴을 떠난 결과였습니다. 완전히 실패로 끝난 모압 행이었습니다. 그런데 여기서 우리가 유의해야 할 것은 나오미의 고백입니다. 나오미는 불신앙 때문에, 하나님을 떠났기 때문에 실패했다고 말했습니다. 바로 실패를 인정하는 고백입니다. 불신앙으로 실패했다는 이 고백이 다시 회복하게 하는 원동력이 되었습니다. 나오미는 자신의 실패가 불신앙에 있었음을 고백합니다. 13절에서는 '여호와의 손이 나오미를 치셨다'고 했고, 21절에서는 '전능자가 나를 괴롭게 하셨다'고 고백합니다. 이 말씀을 직역하면 '여호와의 손이 나를 비통하게 만들었다'는 뜻입니다. 자신이 당하는 고통의 문제가 하나님의 섭리 가운데 이루어졌다는 사실을 시인하는 고백입니다. "하나님이 나를 치셨다", "하나님이 나를 비통하게 만드셨다"는 고백은 하나님을 원망하는 것이 아닙니다. 오히려 그의 깊은 곳에서 우러나는 신앙의 겸손함을 발견할 수 있습니다. 이는 하나님의 주권과 섭리 앞에 모든 자아가 완전히 깨어지고 굴복하는 자세입니다. 그리고 21절에서는 "내가 풍족하게 나갔더니 여호와께서 나로 비어 돌아오게 하셨느니라"고 고백합니다. 이 모든 것을 하나님이 하셨다는 말입니다. 나오미의 위대함은 자신의 인생의 고통과 아픔을 하나님과의 관계에서 해석하고 있다는 점입니다. 나오미는 가정의 실패 원인이 자신의 불신앙 때문이라고 고백합니다. 이것이 사는 길입니다. 나오미는 남편과 두 아들의 죽음, 집안의 패망, 이 모든 것이 자신의 불신앙 때문이었음을 고백합니다. 자신의 잘못을 솔직하게 인정하고 고백하는 것이 실패를 극복하는 첫 걸음이요, 그 비결입니다. 나오미의 이 고백이 실패를 극복하게 해 준 출발점이 되었습니다.

믿음의 왕 다윗이 자신의 부하 우리야의 아내 밧세바를 범했을 때 나단 선지자가 다윗의 죄를 지적했습니다. 그때 다윗은 그 자리에서 즉시 자신의 잘못을 인정하고 애통하며 회개했습니다. 이것이 다윗을 성군으로 만드는 계기가 되었습니다. 자신의 죄를 솔직히 인정하고 회개할 때, 하나님은 그에게 새로운 은혜를 베풀어 주셨습니다. 다시 기회를 주시고 위대한 성군으로 만들어 주셨습니다. 반면 이스라엘의 초대 왕 사울은 자신의 실패를 인정하지 않았습니다. 그가 하나님의 말씀에 불순종하는 죄를 범한 후에 사무엘의 지적을 받았지만 회개는 커녕 오히려 변명하며 계속 죄를 범하자 하나님이 그를 버리셨습니다. 자신뿐 아니라 그의 자식과 가정마저 비참하게 되고 말았습니다. 하나님은 자신의 불신앙 때문에 실패한 사실을 인정하지 않고 회개하지 않은 사울을 버리시고, 실패를 인정하고 회개한 다윗을 들어 사용하셨습니다.

베드로 역시 예수님을 모른다고 세 번이나 부인한 실패자였습니다. 그러나 그는 닭이 두 번 울자 예수님의 말씀이 생각이 나서 밖에 나가

통곡하며 회개했습니다. 자신의 실패를 고백하며 통곡했습니다. 그것이 그를 다시 살리는 계기가 되었습니다. 결과 그는 성령을 받아 위대한 사도가 되었습니다. 반면 가룟 유다는 스승인 예수님을 배반하고 은 30에 팔았지만, 자신의 실패를 고백하며 회개하지 않고 끝내 자살하고 말았습니다. 이로 인하여 유다는 배반자의 상징이 되었습니다.

나오미는 자신의 불신앙과 실패를 인정했습니다. 자신을 나오미라 부르지 말라고 했습니다. '나오미'(Naomi)는 '감미로운 자', '은혜스런 자', '사랑스러운 자'란 뜻입니다. 자신을 '마라'라고 불러 달랬습니다. '마라'는 '쓰다'는 뜻입니다.

우리는 실패를 인정하는 용기가 있어야 합니다. 나오미처럼 불신앙 때문에 실패한 것을 인정할 때 하나님으로부터 새로운 은혜를 입게 됩니다. 우리는 실패를 인정하는데 용감해야 합니다. 불신앙을 고백하고 인정하는데 용기가 있어야 합니다. 회개하는데 주저하지 않아야 합니다. 그때 하나님께서 우리의 실패를 극복하게 하심으로 새로운 길을 열어 주실 것입니다.

2. 자기의 유익을 구하지 않고 이웃을 더 생각하는 믿음의 사람

나오미가 자신의 불신앙을 인정하고 베들레헴으로 다시 돌아가려고 하자 두 자부가 따라 나섰습니다. 그때 나오미는 자신의 노후를 걱정하여 따르려는 며느리들을 만류했습니다. "나오미가 두 자부에게 이르되 너희는 각각 어미의 집으로 돌아가라 너희가 죽은 자와 나를 선대한 것 같이 여호와께서 너희를 선대하시기를 원하며 여호와께서 너희로 각각 남편의 집에서 평안함을 얻게 하시기를 원하노라"(8-9)

나오미는 자신의 장래보다 젊은 자부들을 더 염려하는 사람이었습니다. '너희는 친정으로 돌아가라. 나에게는 소망이 없다. 그러므로 재혼을 해서 행복하게 살도록 하라'며 권면했습니다. 이스라엘은 계대법이 있어 남편이 죽으면 그의 동생이 형수와 결혼해서 후사를 잇도록 했습니다. 그것은 모세 율법에 기록되어 있습니다. 그런데 두 아들이 다 죽었습니다. 이제 시어머니 나오미가 결혼을 해서 아들을 낳아 그 아들이 자라 성인이 되어야만 가능합니다. 이것은 사실상 불가능한 일입니다. 또 그것이 가능하다고 해도 그때까지 기다릴 수는 없었습니다. 그래서 자부들에게 자신을 따르지 말고 친정으로 돌아가서 새로운 삶을 살도록 하라는 말입니다. 나오미는 자신만을 생각하지 않았습니다. 나오미는 자신보다 자부들을 먼저 생각했습니다. 보통 사람들 같으면 타국 땅에서 남편과 두 아들마저 죽고, 빈털털인데다 의지할 데라고는 젊은 두 자부밖에 없으므로 그들을 의지하려고 할 수도 있을 것입니다. 그런데 나오미는 그렇게 하지 않았습니다. 그녀는 의지할 데 없는 자신의 처지보다도 젊은 두 자부의 처지가 더 가여웠던 것입니다. 그래서 그들에게 친정으로 돌아가 재혼을 하라고 권했습니다. 나오미는 여호와께서 자부들에게 선대하시기를 원한다고 했으며(9), 자부들로 인하여 더욱 마음이 아프다는 말도 했습니다(13). 나오미는 오히려 그들에게 아무것도 도와줄 수 없는 자신의 처지를 안타까워했습니다. 나오미는 심성이 좋은 시어머니였습니다. 그러자 동서 오르바는 친정으로 돌아갔지만 룻은 끝까지 시어머니를 따랐습니다. 나중에 룻이 시어머니 나오미를 따라 베들레헴으로 갔을 때, 시어머니가 젊은 며느리 룻이 보아스와 재혼할 수 있도록 자세히 일러주는 자상한 모습을 볼 수 있습니다. 나오미는 자신의 유익보다 다른 사람의 유익을 먼저 생각하는 훌륭한 신앙인격을 가진 사람입니다. 우리는 이 나오미의 신앙인격을 본받아야 합니다.

나오미는 자부들을 인격적으로 대했습니다. "너희는 각각 어미의 집으로 돌아가라 너희가 죽은 자와 나를 선대한 것 같이 여호와께서 너희를 선대하시기를 원하며"(8) 여기 '선대' 라는 말은 존경과 공경을 겸했다는 말입니다. 인격적으로 성숙한 사람은 인격적인 관계를 맺습니다. 며느리가 내 집에 들어올 때는 하녀처럼 일만 하려고 온 것인 양 대하면 안 됩니다. 며느리도 하나님께서 창조하신 한 인격체임을 알고, 하나님께서 보내신 인격자로 영접해야 됩니다. 건강한 자아상을 가진 시어머니는 며느리에게 적대감을 가지거나 시기와 질투를 하지 않습니다. 며느리도 시어머니에 대하여 적대감이나 선입견을 가지면 안 됩니다. 시어머니는 며느리의 성장 과정을 그대로 받아들여야 됩니다. 무조건 시댁에 맞추라기보다 그 사람의 인격을 이해하고 맞아야 합니다. 또 결혼하고 나면 시어머니가 아들 집에 드나들면서 공공연하게 잔소리를 하면 안 됩니다. 일단 결혼을 하면 독립적인 한 가정을 이루었기 때문에, 그 며느리에게 인격적으로 존경하는 마음으로 대해야 합니다. 그 집에 가서도 시어머니의 뜻대로 하면 안 됩니다. 며느리가 어떻게 살든지 상관하면 안 됩니다. 괜히 참견하면 며느리가 싫어합니다. 고부는 서로 인격적인 관계를 맺어야 합니다. 두 며느리도 시어머니 나오미를 사랑하고 존경하며 인격적으로 대했습니다. 나이가 많은데다 돈도 없고 힘도 없다고 무시하지 않고 끝까지 모시려고 했습니다. 좋은 인격적인 만남입니다. 고부간의 관계, 사위와 처가와의 모든 관계에서 가장 중요한 만남은 인격적으로 존중해 주는 만남입니다. 시어머니가 며느리를 존중하고, 며느리가 시어머니를 존중해야 합니다. 이것이 서로 공경하는 삶입니다. 본문에서 나오미는 며느리들을 인격적으로 대해 주었습니다. 이것이 성숙한 성도들의 모습입니다.

그리고 나오미는 며느리들의 장래를 생각하며 그들이 잘 되도록 배려했습니다. "여호와께서 너희로 각각 남편의 집에서 평안함을 얻게 하시기를 원하노라 하고 그들에게 입 맞추매 그들이 소리를 높여 울며"(9) "남편의 집에서 평안함을 얻게"란 말은 '네가 어떻게 홀로 살겠느냐 남편을 만나서 행복하게 살아야지' 라는 의미입니다. 후에 나오미가 룻에게 이런 말을 했습니다. "내 딸아 내가 너를 위하여 안식할 곳을 구하여 너로 복되게 하여야 하지 않겠느냐"(3:1) 홀로 된 자부의 미래를 염려해 주는 시어머니의 모습입니다. '며느리가 외롭게 살아서는 안 된다. 좋은 배우자를 만나야 한다' 고 생각하는 시어머니의 착한 마음이 배어 있습니다. 베들레헴에 도착한 나오미는 룻을 착한 며느리라고 소문을 퍼뜨렸습니다. 나오미는 만나는 사람마다 며느리를 자랑했습니다. 베들레헴 지방의 유지인 보아스의 밭에서 이삭을 줍게 하고, 보아스가 호감을 갖게 만들어 룻과 결혼하도록 유도했습니다. 이처럼 나오미는 룻의 행복을 위하여 최선을 다했습니다. 이 땅에서 며느리를 자랑하는 시어머니는 가장 성숙된 그리스도인이라 할 수 있습니다.

　서울 어느 교회의 지하 기도실에 왠 할머니 한 분이 밤에 봇짐을 들고 들어왔습니다. 할머니는 목사님의 기도를 받더니 울며 하소연을 했습니다. 할머니는 이북에서 월남하여 하나밖에 없는 유복자 아들을 키웠습니다. 서울상대를 졸업한 아들은 서울 명문대 출신의 여자와 결혼을 했습니다. 할머니는 아들이 한 명 뿐이라 이 아들 내외와 함께 살았습니다. 그런데 아들이 출근하고 나면 며느리는 시어머니를 마구 부려먹었습니다. 시장 보는 일, 빨래하는 일, 청소하는 일 등 온갖 가사를 시켰습니다. 그리고 할머니가 실수라도 하면 꼬집고 때리기 일쑤였습니다. 할머니의 이런 생활이 수십 년 계속 되다 보니 이제는 도저히 견딜 수 없다는 생각에 집을 나온 것입니다. 그런데 막상 집을 나오고 보니 갈 곳이 없어 교회로 왔다는 것입니다. 그래서 목사님이 왜 아들에게 얘기를 하지 않았느냐고 물었습니다. 그랬더니 부부금실이 좋은데 아들이 이 사실을 알면 부부 사이에 금이 생길까봐 하지 않았다고 합니다. 그러면서 "둘이 잘 사는 것이 좋지, 또 손주들도 있는데 헤어지면 되겠느냐"며 울며 떠났다고 합니다. 자식을 생각하는 어머니의 마음입니다.

　룻기서에 나오는 나오미와 룻의 이야기는 너무도 아름다워 우리의 심금을 울려주는 인간관계를 보여주고 있습니다. 며느리를 자랑하며, 며느리의 앞날을 생각하고 염려하며 잘 되기를 바라는 시어머니 나오미는 아주 훌륭한 어머니입니다. 며느리를 자랑하고, 며느리의 유익을 생각하는 나오미와 같은 성도가 많아야 합니다. '사랑은 자기의 유익을 구하지 않는 것' 이라고 하였습니다(고전 13:5). 나보다 다른 사람의 처지와 입장을 더 생각해 주는 것, 바로 이것이 우리가 본받아야 할 나오미의 신앙인격입니다. 대접하는 자가 대접을 받는다는 것이 성경의 가르침입니다. 먼저 다른 사람을 사랑하고 존중하고 대접하면, 다른 사람에게 사랑과 존중과 대접을 받을 수가 있습니다. 자신은 다른 사람을 사랑하지도 존중하지도 대접하지도 않으면서, 다른 사람에게 대접받기만을 바란다면 수치만 당할 것입니다. 그래서 예수님은 이렇게 말씀하셨습니다. "남에게 대접을 받고자 하는 대로 너희도 남을 대접하라"(눅 6:31)

그런데 오늘날의 많은 성도들이 자신은 다른 사람을 사랑하지도 존중하지도 대접하지도 않으면서, 다른 사람이 자신을 사랑하고 존중하며 대접해 주기를 바랍니다. 그러다 보면 교회는 온통 사랑받지 못한 사람, 존중받지 못한 사람, 대접받지 못한 사람으로 가득하게 됩니다. 결국 언제나 갈등과 다툼이 끊이질 않게 되는 것입니다. 이제 우리는 내가 먼저 사랑하고 존중하며 대접하도록 해야 하겠습니다. 그리하여 우리 교회에 사랑과 그리스도의 정이 넘치게 해야 하겠습니다.

우리도 나오미처럼 나 자신보다 상대방의 유익을 먼저 생각하고 배려함으로 사랑을 실천하는 믿음의 성도가 됩시다.

3. 오직 하나님께로 돌아가는 결단의 신앙인

나오미는 자신의 실패를 인정하고 베들레헴으로 돌아가려고 결단했습니다. "그가 모압 지방에 있어서 여호와께서 자기 백성을 권고하사

그들에게 양식을 주셨다 함을 들었으므로 이에 두 자부와 함께 일어나 모압 지방에서 돌아오려 하여"(6)

자신이 머물렀던 이방인의 땅 모압을 떠나 이제는 하나님의 말씀과 언약이 있는 베들레헴으로 돌아가려고 결단했습니다. 하나님의 백성이 있는 교회로 돌아가기로 결단한 것입니다. 이것이 실패를 극복하는 신앙입니다. 모든 것을 다 잃고 절망한 그 때에, 나오미는 정신을 차리고 하나님을 바라보았습니다. 지금까지는 불신앙으로 살았지만 이제는 신앙으로 살기로 결단했습니다. 그때 베들레헴으로부터 하나님의 소식이 들려왔습니다. "여호와께서 자기 백성을 권고하사 그들에게 양식을 주셨다"(6)는 소식이었습니다. '권고하사' 란 말에는 '방문하여 보살핀다' 라는 의미가 있습니다. 하나님께서 기근으로 암울한 처지에 있는 그의 백성 이스라엘을 찾아주시고, 양식을 풍성히 주셨다는 말입니다. 그런데 '그들에게 양식을 주셨다' 는 말은 아주 기쁜 상태를 표현한 말입니다. 마치 '라라라' 의 노랫가락이 흘러나올 만큼 양식으로 풍요롭게 하셨다는 말입니다. 나오미는 말할 수 없는 역경 중에서도 낙심치 않고 하나님을 바라보았습니다. 그때 하나님은 버리지 않으시고 찾아주셨습니다.

하나님께 소망을 두고, 하나님에 대한 소식에 귀를 기울였던 나오미는 바로 이러한 축복의 말씀을 듣게 되었습니다. 그리하여 비록 현실은 비참했지만 하나님은 자신에게도 그러한 은총을 주실 것이라는 소망을 가질 수 있었습니다. 그래서 결단하고 베들레헴으로 돌아온 나오미에게 하나님은 놀라운 일들을 준비해 두셨습니다. "나오미가 모압 지방에서 그 자부 모압 여인 룻과 함께 돌아왔는데 그들이 보리 추

수 시작할 때에 베들레헴에 이르렀더라"(22) 드디어 룻과 함께 모압 땅을 떠난 나오미가 베들레헴으로 돌아왔을 때 그곳은 추수가 시작되고 있었습니다. 흉년을 피해서 이방 땅으로 도망갔을 때는 실패했지만, 이제 하나님의 땅으로 돌아오니 풍년이 기다리고 있었습니다. 하나님의 은혜가 기다리고 있었던 것입니다. 이것은 하나님의 놀라운 계획이었습니다. 하나님께로 돌아온 나오미와 룻을 위해 보아스가 기다리고 있었습니다. 나오미 집안의 대를 이어줄 친족인 베들레헴의 유력자 보아스를 만나게 되고, 보아스는 며느리 룻을 사랑하게 되어 결혼하게 되었습니다. 베들레헴을 떠나 모압으로 가서 완전히 망한 그 집안에 하나님은 베들레헴에 놀라운 계획을 준비해 두셨습니다. 실패한 이방인의 땅 모압, 불신앙의 땅인 모압을 떠나 하나님의 말씀과 은혜가 있는 베들레헴으로 다시 돌아왔을 때 하나님은 이미 넘치는 은혜와 축복을 준비해 놓고 계셨습니다.

보아스는 자기의 할 일을 분명히 알았습니다. 그래서 그는 룻에게 기업 무를 자로서의 소임을 다할 것을 룻과 약속하고, 민첩하고 지혜롭게 책임감 있게 지체하지 않고 수행했습니다. 보아스는 성읍의 문에서 장로들과 모든 사람들 앞에서 모압 여인 룻과 혼약을 맺고, 엘리멜렉가(家)에 속한 모든 부동산을 매입했습니다. 그가 '재산이 많은 유력자'(2:1)가 아니었다면 이러한 상환금을 지불할 수 없었을 것이며, 자기의 친족에게 이러한 협력을 보낼 수도 없었을 것입니다. 드디어 룻과 보아스의 결혼식이 많은 증인들 앞에서 거행되었습니다. 결혼식에는 많은 기도하는 사람들이 함께 했습니다. 장로들과 모든 사람들은 결혼의 증인이 되어 축복해 주었습니다(4:11-12).

룻이 드디어 아들을 낳았습니다. 여인들도 축복해 주었습니다. "여인들이 나오미에게 이르되 찬송할지로다 여호와께서 오늘날 네게 기업 무를 자가 없게 아니하셨도다 이 아이의 이름이 이스라엘 중에 유명하게 되기를 원하노라"(4:14) 나오미의 집안에 기업을 무르고 대를 이을 아들을 주신 것입니다. 룻이 낳은 아들은 법적으로 엘리멜렉 가문을 이어갈 자입니다(10). 따라서 나오미에게는 마치 아들처럼 되어 그녀에게 위로와 기쁨을 줌으로써, 결국 나오미의 참 기업 무를 자가 되었습니다(2:20). 여인들의 축복은 계속되었습니다. "이는 네 생명의 회복자며 네 노년의 봉양자라 곧 너를 사랑하며 일곱 아들보다 귀한 자부가 낳은 자로다"(4:15) '네 생명의 회복자' 는 나오미의 생명이 새롭게 된다는 것, 즉 마치 죽은 것과 다름이 없었던 나오미의 가정이 룻이 낳은 아이로 인해 생기를 되찾게 된 것에 대한 표현입니다. '네 노년의 봉양자' 란 나오미에게 손자가 생겼으므로, 그로 인해 그녀가 비록 늙더라도 장성한 손자의 봉양을 받게 될 것을 일컫는 말입니다. '일곱 아들보다 귀한 자부' 란 말은 룻이 단순히 아들을 낳았기 때문에 나오미에게 있어서 일곱 아들보다 귀하게 여겨진다는 말이 아닙니다. 그 동안 룻이 시어머니를 잘 공경하고 헌신하며 순종했던 사실에 근거하여, 결국 그러한 지극한 효성이 열매를 맺게 된 사실을 칭찬한 말입니다. 특히 히브리인들에게 있어서 '일곱' 이라는 숫자는 충만이나 완전을 상징하며, 하나님으로부터 자녀의 축복을 풍성히 받았음을 상징할 때도 사용되었습니다. 이웃 사람들이 그 아이의 이름을 지어 주었습니다(7). 그 선한 여인들은 그를 오벳이라고 불렀습니다. 그 이름의 뜻은 '종', 또는 '섬기는 자' 입니다. 이 아이가 젖을 뗀 후부터 그의 할머니 나오미가 양육하게 되었습니다(4:16). 나오미는 아기를 품에 안았습니다. 그리고 이 아이 오벳을 통해 이새가 태어났습니다. 이새는 바로 유명한 다윗왕의 아버지입니다. 모압을 떠나 베들레헴으로 돌아온 나오미의 집안은, 위대한 왕 다윗과 그리스도의 조상이 되는 놀라운 축복을 받게 되었습니다.

우리는 어떤 어려움이 와도 하나님을 떠나면 안 됩니다. 하나님의 말씀을 버리고 도피해도 안 됩니다. 하나님을 떠나고 말씀을 떠나면 처음에는 잘 되는 것처럼 보일지 모릅니다. 그러나 하나님을 떠나는 순간부터 실패가 시작된다는 것을 분명히 알아야 합니다.

아버지의 품을 떠난 탕자가 처음에는 잘 되었지만 결국 완전히 실패하고 말았습니다. 그러나 그가 회개하고 다시 아버지의 품으로 돌아올 때 새로운 삶이 시작되었습니다. 마가도 첫 선교사역에 실패하고 예루살렘 어머니의 품으로 돌아왔습니다. 그러나 그는 그 실패를 거울삼아 믿음을 회복하여 나중에는 위대한 하나님의 종이 되고, 마가복음을 기록한 저자로서의 영광을 얻었습니다.

우리는 연약한 인생들입니다. 언제든지 실패할 수 있는 가능성을 가지고 살아갑니다. 그러나 실패를 믿음으로 극복해야 합니다. 우리도 나오미처럼 실패를 믿음으로 극복하여 놀라운 하나님의 은혜와 영광을 회복할 수 있습니다. 문제는 신앙을 회복하고 주님의 품으로 돌아오는데 있습니다.

우리는 실패를 인정하고 불신앙을 고백합시다. 자신보다 다른 사람의 유익을 먼저 생각하고 배려하는 신앙의 인격자가 됩시다. 그리고 우리에게는 오직 하나님께로 돌아오는 결단이 있어야 합니다. 하나님은 우리의 실패를 성공으로 바꾸어 주시는 전능자이시며, 은혜로우신 아버지이십니다. 실패를 믿음으로 극복하는 성도에게 하나님은 새로운 삶과 은혜와 축복을 주십니다. 뿐만 아니라 새로운 일과 감사와 찬양, 그리고 새로운 비전을 예비해 두고 계십니다. 아멘.

¹헤롯왕 때에 예수께서 유대 베들레헴에서 나시매 동방으로부터 박사들이 예루살렘에 이르러 말하되 ²유대인의 왕으로 나신 이가 어디 계시뇨 우리가 동방에서 그의 별을 보고 그에게 경배하러 왔노라 하니 ³헤롯왕과 온 예루살렘이 듣고 소동한지라 ⁴왕이 모든 대제사장과 백성의 서기관들을 모아 그리스도가 어디서 나겠느뇨 물으니 ⁵가로되 유대 베들레헴이오니 이는 선지자로 이렇게 기록된바 ⁶또 유대 땅 베들레헴아 너는 유대 고을 중에 가장 작지 아니하도다 네게서 한 다스리는 자가 나와서 내 백성 이스라엘의 목자가 되리라 하였음이니이다 ⁷이에 헤롯이 가만히 박사들을 불러 별이 나타난 때를 자세히 묻고 ⁸베들레헴으로 보내며 이르되 가서 아기에 대하여 자세히 알아 보고 찾거든 내게 고하여 나도 가서 그에게 경배하게 하라 ⁹박사들이 왕의 말을 듣고 갈쌔 동방에서 보던 그 별이 문득 앞서 인도하여 가다가 아기 있는 곳 위에 머물러 섰는지라 ¹⁰저희가 별을 보고 가장 크게 기뻐하고 기뻐하더라 ¹¹집에 들어가 아기와 그 모친 마리아의 함께 있는 것을 보고 엎드려 아기께 경배하고 보배합을 열어 황금과 유향과 몰약을 예물로 드리니라 ¹²꿈에 헤롯에게로 돌아가지 말라 지시하심을 받아 다른 길로 고국에 돌아가니라

(마태복음 2:1-12)

03

행동하는 신앙인 – 동방의 박사들

우리를 죄악에서 구원하시기 위하여 이 땅에 오신 주 예수 그리스도의 성탄절이 다가왔습니다. 그러면 우리는 어떻게 이 성탄절을 맞이

해야 합니까? 본문의 동방의 박사들이 첫 번째 성탄절에 어떻게 주님을 경배했는가를 보면서, 우리도 성탄절을 기다리며 맞이하는 자세를 바로 가져야 하겠습니다. 동방의 박사들은 모범적인 성탄절의 경배자들입니다. 행동하는 신앙인들이었습니다.

1. 하나님의 약속을 믿고 멀리서 예수님을 만나기 위해 왔습니다

"헤롯왕 때에 예수께서 유대 베들레헴에서 나시매 동방으로부터 박사들이 예루살렘에 이르러 말하되 유대인의 왕으로 나신 이가 어디 계시뇨 우리가 동방에서 그의 별을 보고 그에게 경배하러 왔노라"(1-2)

동방의 박사들은 멀리서 예수님을 찾아 왔습니다. 동방이란 곳이 어느 나라인지 구체적으로 알 수는 없습니다. 어떤 학자들은 메대나 파사로 보기도 하고, 페르시아, 아라비아, 바벨론, 인도, 애굽 등으로 보는 학자들도 있습니다. 동방에서 온 박사들(Magoi)은 별을 연구하는 사람들이었습니다. 요즘 말로 하면 천문학을 연구하는 상류계층의 사람들입니다. 그들은 별을 연구하다가 예수님의 별을 보게 되었습니다 (2). 그들이 초자연적인 특별한 별을 발견하자 곧바로 유대 땅으로 발길을 옮겼습니다. 오래 전부터 성경을 배워 메시아가 올 것을 잘 알고 있었던 유대인들은 이 사실을 몰랐지만, 이방 나라에서 온 박사들은 유대인의 왕이신 예수님을 찾아 나섰습니다. 당시의 교통수단은 매우 열악했습니다. 그들이 걸었던 길은 지금처럼 아스팔트로 포장된 길이 아니었습니다. 먼지를 뒤집어써야 올 수 있는 참으로 험난한 길이었습니다. 당시에 먼 거리를 여행한다는 것은 매우 고된 일이었습니다. 위험이나 고통을 감수해야만 했습니다. 그래도 그들은 하나님의 약속을 믿고 예수님을 찾아 왔습니다. 강도의 위험, 질병의 위험, 사막의 위험, 강의 위험, 짐승의 위험을 무릅쓰고 아기 예수님을 찾아 왔습니다. 그들은 예수님을 만나야 한다는 유일한 목적을 가지고 멀고 먼 길을 나선 것입니다.

우리도 동방의 박사들처럼 예수님을 만나는 성탄절이 되어야 합니다. 오직 예수님을 만나기 위해 먼 곳에서 찾아온 동방의 박사들처럼 사모하는 마음으로 주님 앞에 나와야 합니다. 오늘날 우리 성도들은 너무 행동하지 않습니다. 성탄절을 맞아 우리는 초창기의 야성적인 신앙을 회복해야 합니다.

미국에 코뿔소와 같은 교회가 있어 화제가 되고 있습니다. 바로 LA 모자이크교회입니다. 미네소타에 있는 베델신학교에서 '포스트모더니즘 시대의 복음적 리더십'을 가르치고 있는 어윈 라파엘 맥매너스가 이 교회의 담임목사입니다. 그가 말하는 코뿔소교회는 믿음의 야성이 살아 있는 교회입니다. 그는 6년 전에 젊은이들이 다 빠져나간 60년 역사를 가진 교회를 담임하면서 코뿔소교회를 탄생시켰습니다. 교회의 이름을 '모자이크'로 바꾸고, 과감하게 '다음 세대를 끌어안는 목회'를 선언했습니다. '모자이크'는 우리 모두가 하나님 앞에서는 조각조각 부서진 존재이지만, 가장 위대한 예술가이신 하나님의 손에 붙들리면 결국 하나로 모여 아름다운 공동체를 이루게 되는 것을 상징합니다. 이 교회는 호랑이의 포효소리가 들리는 교회입니다.

목표를 향해 달리는 표범처럼 질주하는 교회입니다. 그는 식물인간처럼 무기력해지는 교회를 향해 피 끓는 외침을 던집니다. 코뿔소는 시속 48km로 달릴 수 있습니다. 다람쥐나 중고 자동차보다 빠른 속도입니다. 그런데 코뿔소는 9m 이내만 볼 수 있습니다. 그렇게 덩치가 큰 짐승들이 전방 9m 너머에 무엇이 있는지도 모른 채 무리를 지어 시속 48km로 달린다고 상상해 보십시오. 크러쉬(코뿔소떼의 명칭, 충돌이나 '쾅' 하는 소리라는 뜻)는 일단 뿔로 방향을 정하고 나면 전속력으로 달립니다.

우리는 그 이름을 사모해야 합니다. 우리는 미래를 아는 척 가장할 필요가 없습니다. 9m 이내만 볼 수 있다고 해도 상관이 없습니다. 코뿔소의 경우처럼 걱정해야 할 쪽은 9m 너머에 있는 것들입니다. 9m 너머에 있는 것들은 제 각각 알아서 코뿔소를 피하는 것이 상책입니다. 우리는 더 이상 볼 수 없고, 알지 못하는 것을 두려워하느라 시간을 허비해서는 안 됩니다. 우리가 아는 것을 가지고 전진할 필요가 있습니다. "하나님, 코뿔소가 방향이 정해지면 전속력으로 달리듯, 주님의 부르심만 바라보며 달리다가 주님 품으로 갈 수 있게 해 주십시오. 믿음의 야성이 살아 있는 교회의 표지판이 되게 해 주십시오"라고 기도할 수 있기를 바랍니다. 품위 있는 종교인이 되라는 부르심은 없었습니다.

베드로는 예수님의 야만적 부르심 앞에 순종하려고 애썼습니다. 주님은 디베랴 바다에서 예수님을 세 번이나 부인하고 실패한 베드로에게 야성을 회복하고 따라오도록 부르셨습니다. 예수님은 "나를 사랑하느냐"고 세 번 물으셨습니다. 성경은 베드로가 주님으로부터 똑같은 질문을 세 번이나 받게 되어 마음이 아팠다고 말씀합니다. 베드로의 대답은 간단했습니다. "주여 모든 것을 아시오매 내가 주를 사랑하는 줄을 주께서 아시나이다"(요 21:17) 베드로는 야만적인 방법으로 부르심을 받았습니다. "젊어서는 네가 스스로 띠 띠고 원하는 곳으로 다녔거니와 늙어서는 네 팔을 벌리리니 남이 네게 띠 띠우고 원치 아니하는 곳으로 데려가리라"(요 21:18) 예수님은 베드로가 어떤 죽음으로 하나님께 영광을 돌릴 것인지를 암시하셨습니다. 이 말씀 후에 "나를 따르라"고 말씀하셨습니다(요 21:19). 예수님은 베드로를 단 한 길, 야만인의 방법으로 초청하셨습니다. 그러자 베드로는 "주여 이 사람은 어떻게 되겠삽나이까"(요 21:21) 하고 물었습니다. 베드로는 자신이 죽는다면 다른 사람들, 특히 요한도 죽어야 하는지 궁금했을 것입니다. 베드로의 질문에 예수님은 이렇게 대답하셨습니다. "내가 올 때까지 그를 머물게 할지라도 네게 무슨 상관이냐 너는 나를 따르라"(요 21:22) 이것은 야만적 부르심에서 이해하기 힘든 부분입니다. 공평하지도 공정하지도 않기 때문입니다. 예수님은 다른 사람은 신경 쓰지 말고 목숨까지 바칠 각오로 나를 따르라, 즉 야성적인 제자가 되라고 말씀하셨습니다.

  주님은 우리 모두에게 야성적으로 복음을 전파하기를 원하십니다. 가라, 모든 민족에게, 땅 끝까지, 때를 얻든지 못 얻든지 전파하라고 하십니다. 주님은 우리에게 야성적인 삶을 요구하십니다. 우리 교회는 성탄절 새벽에 성도들의 가정을 돌며 새벽송을 합니다. 예수님이 태어나신 첫 번 크리스마스 때 베들레헴 하늘에 나타난 천사들처럼 성도들의 가정을 방문하여 찬양으로 예수님이 오셨음을 선포합니다.

우리는 열심을 회복해야 합니다. 우리에게는 새벽송에 대한 추억이 많습니다. 시골길 꽁꽁 얼어붙은 논밭을 조심조심 걸으며 새벽송을 하던 추억들이 있습니다. "저 들 밖에 한 밤중에 양 틈에 자던 목자들", "기쁘다 구주 오셨네", "고요한 밤, 거룩한 밤" 어릴 때 새벽잠을 깨우며 부르던 새벽송, 기다리다 잠이 들었는데 새벽송 소리에 일어나 전깃불을 켜고 속옷 바람으로 함께 부르다가 따라나섰던 추억도 있습니다. 우리는 예수 그리스도가 나신 성탄절을 맞아 동방박사들과 같은 열정으로 주님을 맞아야 합니다. 예전의 열심을 회복합시다.

이번 크리스마스에는 새벽송에 참여합시다. 우리가 새벽송에 참여해야 할 이유는, 예수님이 이 땅에 구주로 오신 소식을 모든 사람들에게 선포하는 선교적 의미가 있기 때문입니다. 온 세상에 예수님이 오신 것을 전해야 합니다. 새벽송을 듣고 회개하고 돌아오는 사람도 있기 때문입니다. 그리고 이 날은 세계적인 공휴일입니다. 온 세상 사람들이 쉬는 공휴일입니다. 세상 사람들도 다 인정하는 공휴일입니다. 많은 사람들은 그리스도의 오심과 상관없이 먹고 마시고 즐기지만, 우리 성도들은 예수님이 오신 소식을 전하는 일에 동참해야 합니다. 성탄절의 새벽송은 세상 사람들도 인정합니다. 아무도 불평하거나 제재하지 않습니다. 그러므로 우리는 담대하게 주님의 오심을 찬양으로 전해야 합니다.

그리고 청소년과 젊은이들이 교회에서 성탄절을 보내도록 축제를 해야 합니다. 교회에서 성탄절 프로그램을 만들어 젊은이들을 수용하지 않으면 우리 자녀들이 어디서 무엇을 하며 보내겠습니까? 가정에서 보낼 자녀들이 과연 몇 명이나 되겠습니까? 결국 세상 문화에 젖어 버리게 될 것입니다. 우리의 자녀들이 교회 안에서 예수님이 오신 성탄절을 맞도록 축제를 해야 합니다. 예수님을 만나기 위해 찾아온 동방박사들처럼 우리도 이제 적극적으로 주님을 맞이하는 성탄절이 되어야 합니다.

　동방의 박사들은 산을 넘고 물을 건너서 목숨을 걸고 예수님을 만나러 왔습니다. 금번 성탄절을 맞아 우리도 동방의 박사들처럼 야성적으로 주님을 맞이하는 신앙을 회복합시다. 예수님을 믿기 시작했을 때의 첫 사랑, 처음 은혜를 받았을 때의 그 첫 사랑을 회복합시다. 우리의 신앙생활에는 오직 한 가지 목표가 있습니다. 그것은 주 예수님을 찾아 나서는 것입니다. 동방박사들처럼 예수님을 만나는 일이라면, 모든 것을 저버리더라도 사모함으로 행동하는 성도가 됩시다.

2. 귀한 예물을 드림으로 경배했습니다

　"집에 들어가 아기와 그 모친 마리아의 함께 있는 것을 보고 엎드려 이기께 경배하고 보배합을 열어 황금과 유향과 몰약을 예물로 드리니라"(11)

　동방박사들의 성탄 방문 목적은 왕께 경배하고 예물을 드리는 것이었습니다. 왕께 경배하는 것이 성탄의 본질이자 목적입니다. 동방박사들이 생명을 걸고, 생활을 포기한 채 베들레헴까지 찾아온 것은 요셉을 만난다거나 마리아에게 축하하기 위해서가 아닙니다. 오직 메시아 되신 아기 예수께 경배하기 위해서였습니다. 세 가지 예물을 드린 동방박사들은 빈손으로 오지 않았습니다. 먼 길을 찾아온 것으로 끝나지 않았습니다. 경배한 것으로 끝나지 않았습니다. 동박박사들은 세 가지 예물을 드리고 갔습니다. 가장 귀한 것을 아기 예수께 드렸습니다. 그들은 아기 예수께 경배하고, 보배합을 열어 황금과 유향과 몰약을 예물로 드렸습니다. 누군가에게 선물할 때는 그 사람에게 맞는 것을 준비합니다. 일반적으로 이사를 한 가정을 방문할 때는 세제나 비누, 또는 화장지를 선물합니다. 김장을 하는 가정이라면 젓이나 소금, 고춧가루, 마늘 등을 선물할 것입니다. 결혼하는 사람에게는 결혼에 합당한 선물이 있고, 약혼하는 사람에게는 약혼선물이 따로 있습니다.

　동방박사들은 세 가지 예물을 통해서 예수님의 영광을 드러냈습니다. '황금'은 왕께 드리는 최고의 선물로 예수님을 왕으로 인정하는 행위였습니다. 그리고 '유향'은 제사장이 성전에서 향기를 내기 위해 피우는 향으로서 예수님을 대제사장으로 인정하는 예물이었습니다. 그리고 '몰약'은 죽은 사람의 시체에 바르는 약입니다. 이것은 예수님의 수난과 죽음을 나타냄으로써 예수님이 우리의 구원자가 되심을 증거합니다. 동방박사들의 경배에는 헌신과 정성이 담긴 예물이 있었습니다. 예수님이 어떤 분인가는 예물을 통해서 알 수 있습니다. '황금'은 왕을 상징합니다. 즉 황금은 예수님이 이 땅을 통치하시는 '왕'이심을 상징합니다. 또 '유향'은 제사 때 쓰는 것입니다. 그러므로 예수님이 영원한 대제사장이 되실 것을 알고 드린 선물입니다. '몰약'은 시체의 보존을 위해 쓰는 것입니다. 살아 있는 사람이 아니라 죽은 사람을 위해서 쓰는 것입니다. 예수님께서 인류의 모든 죄를 지시고, 채

찍에 맞으시고, 가시관을 쓰시고, 양 손과 발에 못 박혀 십자가 위에서 죽으실 것을 알고 드린 것입니다. 동방박사들은 예수님을 인정하고 환영했습니다. 예수님을 모셔들임으로 황금과 유향과 몰약을 드렸습니다. 성탄절을 맞아 우리도 동방의 박사들처럼 우리의 왕이자 구세주이시며, 다시 오실 예수님께 가장 잘 어울리는 예물을 드리는 성탄절이 됩시다.

문제는 우리가 주님 앞에 예물을 드리고 싶은 자세가 되어 있어야 한다는 것입니다. 그것은 우리에게 성탄의 감격과 기쁨이 있느냐 없느냐에 따라 결정됩니다. 예물의 많고 적은 것은 문제가 되지 않습니다. 문제는 예물에 우리의 마음과 헌신이 있어야 한다는 것입니다. 주님께 드릴 진정한 예물이 있느냐 없느냐입니다. 형식적이거나 마지못해 드리는 예물은 주님께 대한 경배를 퇴색시키게 될 것입니다. 예수님이 가장 기뻐하시는 예물은 우리 자신을 드리는 것입니다. 우리 주님은 우리 자신, 즉 우리의 마음과 몸과 시간을 비롯한 모든 것을 주님께 드리는 것을 제일 기뻐하십니다. 아브라함이 독자 이삭을 바칠 때 하나님은 기뻐하셨습니다. 사르밧 과부가 자기가 먹을 마지막 양식을 바칠 때 그것이 하나님께 바친 가장 소중한 예물이 되었습니다. 마리이기 향유를 주님의 발에 부어드릴 때 주님은 기뻐하셨습니다. 주님은 적은 것이지만 과부의 두 렙돈을 기쁘게 받으셨습니다. 우리 주님은 바치는 자의 중심을 보십니다.

혜빈이라는 소녀가 백혈병으로 투병하다가 하늘나라로 갔습니다. 그런데 혜빈이가 선교 저금통을 여섯 개나 남기고 갔습니다. 혜빈이는 병상에서도 늘 찬송하고 기도하면서, 예수님을 모르는 어린이들과 복음을 전하는 선교사님들에게 보낼 선교헌금을 모았습니다. '어린이 성경 마을'에서 지구본 모양의 선교 저금통을 어린이들에게 나눠 주고 헌금을 모으기 시작한 이후에, 많은 어린이들이 기쁨으로 선교헌금을 모았습니다. 물론 그 중에는 부모님에게 받아서 헌금하는 어린이도 있었습니다. 선교 저금통을 가득 채워서 오는 친구들은 많지 않았습니다. 그런데 혜빈이는 선교 저금통을 여섯 개나 가득 채웠습니다. 혜빈이는 문병을 온 친지나 이웃들이 주는 용돈으로 선교헌금을 모았던 것입니다. 아마도 혜빈이는 선교 저금통을 채우면서 이렇게 기도했을 것입니다. "제가 드리는 이 선교헌금이 예수님을 모르는 아이들을 위해 쓰이게 해 주세요." 혜빈이가 하늘나라에 간 후에 선교 저금통이 '어린이 성경 마을'에 전달되었습니다. 이 헌금은 어느 선교헌금보다 가치가 있습니다. 이 헌금에는 혜빈이의 예수님을 향한 사랑과 순수한 믿음이 담겨 있기 때문입니다.

 우리는 성탄절을 맞아 우리의 구주로 오신 주님 앞에 정성스런 예물을 드려야 합니다. 우리 모두 각자 생애 최고의 예물을 주님께 드리는 성탄절이 되게 합시다. 예수님은 우리로부터 황금 같은 믿음, 유향 같은 기도, 몰약 같은 헌신과 봉사를 받으시길 원하십니다. 금번 성탄절에는 우리도 주님 앞에 정성이 담긴 귀한 예물을 드립시다. 여러분의 믿음이 황금 같고, 여러분의 기도가 유향 같고, 여러분의 헌신과 봉사가 몰약 같이 되시기를 주의 이름으로 기원합니다.

3. 왕의 말보다 하나님의 말씀에 따라 행동했습니다

"꿈에 헤롯에게로 돌아가지 말라 지시하심을 받아 다른 길로 고국에 돌아가니라"(12)

동방박사들은 메시아이신 예수님께 경배한 후에 하나님의 지시에 따라 다른 길로 돌아갔습니다. 헤롯왕은 동방박사들에게 "아기에 대하여 자세히 알아보고 찾거든 내게 고하여 나도 가서 그에게 경배하게 하라"(8)고 말했습니다. 헤롯이 이렇게 말한 것은 예수님께 경배하기 위해서가 아니라 예수님을 죽이려는 음모를 꾸민 것입니다. 그러나 하나님은 악한 헤롯의 모략을 다 아시고 박사들로 하여금 선한 길로 가도록 인도하셨습니다. 우리는 성탄절을 맞아 동방의 박사들처럼 하나님의 말씀에 우선순위를 두고 순종하며 따라가야 합니다. 예수님을 만나 경배한 동방의 박사들은 다른 길로 돌아갔습니다. 예수님을 만난 사람은 다른 길로 가야 합니다. 예수님을 만난 사람은 생활방식과 삶이 달라야 합니다. 예수를 만나기 전과 만난 후의 길이 달라야 합니다. 옛 사람의 길이 아닌 새 사람의 길로 가야 합니다. 죽음의 길이 아닌 생명의 길로 가야 합니다. 새로운 길, 성령께서 인도하시는 길로 가야 합니다. 내 마음대로 가는 것이 아니라 말씀에 따라 순종하는 삶이 있어야 합니다. 나의 경험과 방법대로 가는 것이 아니라 하나님의 말씀에 순종하며 걸어가야 합니다. 헤롯이 명한 길은 죽음의 길입니다. 복음에 역행하는 길이요, 불순종의 길입니다.

믿음의 조상 아브라함은 하나님께 완전히 항복한 사람입니다. 하나님께서 '본토, 친척, 아비집을 버리고 떠나라'고 하실 때 그는 목적지도 모르고 떠났습니다. 그는 100세나 되어 낳은 아들을 번제로 드리라고 할 때도 이유를 묻지 않고 순종했습니다. 하나님께서 그의 인생을 원하시는 길로 인도하셨습니다.

야곱은 꾀가 많고 잔머리를 잘 굴리는 사람입니다. 그는 팥죽 한 그릇으로 형의 장자권을 빼앗았는가 하면, 형 대신 양의 가죽을 손목과 목에 감고 방에 들어가 아버지를 속이고 형이 받을 축복을 가로챘습니다. 그러나 20여 년 동안 머슴살이로 모았던 많은 소떼와 양떼와 처자식들을 이끌고 돌아오는데, 형 에서가 400명의 군사를 거느리고 온다는 소식을 듣자 심장이 멎을 듯 했습니다. 그래서 가족들 편에 많은 소떼와 양떼를 형 에서에게 선물로 보냈지만 여전히 불안했습니다. 그래서 야곱은 홀로 남아 얍복강 나루에서 밤새도록 천사와 씨름을 하며 목숨을 건 기도를 했습니다. 환도뼈가 위골이 되어 다리를 절 때까지 기도했습니다. 그것은 결국 하나님께 모든 것을 맡긴다는 뜻입니다. 그 결과 그는 이스라엘이 되었습니다. '이스라엘' 이란 이름은 '하나님과 겨루어 이겼다' 는 뜻입니다. 환도뼈가 위골이 되면서 야곱은 항복했습니다. 항복한 것이 하나님을 이기는 비결입니다. 하나님께 항복한 사람은 진정한 승리자가 됩니다. 하나님을 만난 야곱의 인생을 하나님이 원하시는 길로 바꾸었습니다.

모세 역시 미디안 광야에서 40년 간 사는 동안 자존심과 혈기와 욕망을 다 죽인 후에 완전히 하나님께 항복했습니다. 그제야 떨기나무 불꽃 가운데 나타나신 하나님께서 '내 민족을 애굽에서 인도해 내라' 고 사명을 주셨습니다. 하나님은 40년 간 사용하시려고 80세가 되도록 훈련시켰습니다. 하나님은 모세가 완전히 항복한 후에 사용하셨습니다. 모세는 자기의 길에서 하나님의 길로 돌아섰습니다. 하나님을 만난 후 그의 인생과 목적이 하나님께로 돌아섰습니다.

베드로가 밤새도록 물고기를 한 마리도 잡지 못하고 돌아오자, 예수님께서 '깊은 데로 가서 그물을 내리라'고 하셨습니다. 그때 "선생이여 우리들이 밤이 맞도록 수고를 하였으되 얻은 것이 없지만은 말씀에 의지하여 내가 그물을 내리리이다"(눅 5:5) 하고 그물을 내렸더니, 그물이 찢어질 정도로 많이 잡혔습니다. 이때 베드로는 주님 앞에 무릎을 꿇고, "주여 나는 죄인이로소이다"라며 주님께 항복하는 태도를 볼 수 있습니다. 주님을 만난 베드로의 삶은 하나님이 원하시는 방향으로 달려갔습니다. 하나님의 뜻에 순종하는 삶을 살았습니다. 항복한다는 것은 숙명론적으로 단념하거나 포기하는 것이 아니라, 피 흘리는 투쟁이며 삶을 희생하는 것입니다. 하나님께 삶을 내어드리는 것입니다. 하나님께 항복하는 사람을 지켜보시다가 큰 그릇으로 쓰시고, 엄청난 축복을 내려주십니다. 우리 하나님은 하나님의 뜻에 순종하는 자를 사랑하시고, 기뻐하시고, 그리고 사용하십니다. 나의 뜻이 아니라 주님이 지시하시는 대로 순종하는 것이 중요합니다.

의사의 입장에서 볼 때 기분이 나쁜 환자와 좋은 환자가 있습니다. 기분이 나쁜 환자는 아는 척하는 사람, 의사를 믿지 못하는 사람, 이 병원 갔다 저 병원 갔다 하는 사람입니다. 그런 사람들은 공통적으로 치료효과가 떨어지고, 돈과 시간을 이중으로 소비하면서 정신적 고통까지 가중됩니다. 그와 반대로 기분이 좋은 환자는 모든 것을 의사에게 맡기고 순종하는 사람입니다. 조용히 의사를 믿고 기다리는 환자는 치료효과가 그만큼 좋습니다. 그런 사람은 돈, 시간, 정신적 고통도

절감됩니다. 여러분은 예수님 앞에 어떤 환자입니까? 모든 것을 예수님께 맡기고 조용히 기다리는 환자입니까? 왜 여러분의 삶 속에 열매가 맺히지 못합니다. 이제부터라도 예수님을 믿고 순종하시기 바랍니다.

우리나라에 기독교가 전파되던 선교 초창기에, 침례교 선교사로 우리나라에 오신 말콤 C. 펜윅 선교사님의 일화입니다. 어느 날 펜윅 선교사님이 제자들을 불러 모았습니다. 그리고 무를 하나씩 주면서 무 잎은 땅 속으로, 무는 하늘로 올라가도록 심으라고 말하였습니다. 그러자 제자들은 "아마 선교사님이 서양에서 무를 심어보지 못했나봐. 무가 열매인 줄 아시는 모양이지?" 하며, 무를 땅 속으로 하고, 무 잎사귀는 하늘로 오게 심었습니다. 정상적으로 심은 것입니다. 그런데 유독 한 사람만 무를 하늘로, 무 잎사귀는 땅 속으로 심었습니다. 아마 동료들은 이 사람을 보며, "아니, 선교사님이 몰라서 하신 말씀인데 무식하게 무를 그렇게 심으면 어떡해?" 하며 흉을 보았을지도 모릅니다. 그런데 펜윅 선교사님이 돌아오셔서 무를 거꾸로 심은 제자에게만 칭찬하며 말했습니다. "내가 무 심는 법을 몰라서 그런 것이 아닙니다. 여러분이 얼마나 순종하는지, 순종의 중요성을 가르치려고 한 것입니다." 그러자 나머지 제자들은 얼굴을 붉힐 수밖에 없었습니다.

우리 하나님은 순종하는 사람을 귀하게 보시고 사용하십니다. 순종이 제사보다 낫습니다. C.C.C. 세계 총재 빌 브라이트(Bill Bright) 박사는 세계 대학생 수억 명을 그리스도께로 인도한 분입니다. 어느 분이 묻기를 "빌, 왜 하나님이 당신을 사용하시면서 당신의 삶에 그렇게 많은 복을 주시는 걸까요?" 하자, 빌은 이렇게 대답했습니다. "나는 젊었을 때 하나님과 계약을 맺었습니다. 나는 직접 계약서를 쓰고 그 밑에 서명을 했는데, 거기에 '바로 이 날부터 나는 예수 그리스도의 종이다' 라고 썼습니다." 그리스도의 종은 제 맘대로 하지 않고 그리스도께 완전히 항복하는 사람입니다. 하나님의 뜻에 완전히 순종하는 삶이 바로 성탄절을 맞는 우리 성도들의 자세입니다. 성탄절을 맞는 우리는 동방의 박사들처럼 하나님이 지시하신 길로만 가야 합니다. 내 뜻대로가 아니라 주님의 뜻대로 가야 합니다.

우리는 동방의 박사들처럼 행동하는 신앙인이 되어야 합니다. 그들은 하나님의 약속을 믿고 멀리서 예수님을 만나기 위해 왔습니다. 그리고 귀한 예물을 드리며 경배했습니다. 왕의 말보다 하나님의 말씀에 따라 행동했습니다. 아멘.

> ¹³안식일에 우리가 기도처가 있는가 하여 문 밖 강가에 나가 거기 앉아서 모인 여자들에게 말하더니 ¹⁴두아디라성의 자주 장사로서 하나님을 공경하는 루디아라 하는 한 여자가 들었는데 주께서 그 마음을 열어 바울의 말을 청종하게 하신지라 ¹⁵저와 그 집이 다 세례를 받고 우리에게 청하여 가로되 만일 나를 주 믿는 자로 알거든 내 집에 들어와 유하라 하고 강권하여 있게 하니라
>
> (사도행전 16:13-15)

04 행동하는 신앙인 – 루디아

    오늘 우리는 행동하는 믿음의 여인 루디아를 만납니다. 사도 바울 일행이 세계 선교의 비전을 품고 로마제국 선교를 진행하던 중, 마게도니아 지방 빌립보에서 루디아를 만났습니다. 루디아는 사도 바울이 빌립보에서 처음으로 얻은 믿음의 열매로 유럽 교회의 기초가 된 빌립보교회의 일원이 되었으며, 기독교 선교역사에 아주 중요한 인물로 기록되고 있습니다. '루디아'란 이름의 뜻은 '생산'입니다. 그녀의 고향이 루디아였기 때문에 루디아 출신의 여인임을 나타낸 말로 보입니다. 본명은 '유오디아', 혹은 '순두게'로 추측됩니다(빌 4:2). 루디아

는 두아디라성 출신의 자주 장수(14)로 재력가였습니다. 이 루디아는 행동하는 신앙인이었습니다.

1. 말씀을 청종하고 기독교로 개종한 최초의 신자였습니다

루디아는 지금까지 믿어오던 유대교에서 기독교로 개종한 행동하는 신앙인이었습니다. 루디아는 형제들과 모여서 하나님께 기도하며 하나님을 경외한 여인이었습니다. "두아디라성의 자주 장사로서 하나님을 공경하는 루디아라 하는 한 여자가"(14)

루디아는 원래 유대인이 아닌 두아디라 지방의 사람입니다. 이곳은 물감 만드는 곳, 즉 염료 생산지로 유명합니다. 물감 생산은 간단한 업종이 아닙니다. 고도의 기술이 필요합니다. 루디아는 염료 중에서도 값비싼 자색, 보라색 염료로 처리된 자주를 취급하는 거대한 장사를 했습니다. 두아디라에 염색공장이 있었고, 그 공장의 생산품을 마게도냐 지방으로 가져와 판매하는 일이었습니다. 이른바 마게도냐에서 대리점을 경영하는 사람이었습니다. 루디아는 유대교로 개종한 믿음이 신실한 사람인 듯합니다. 안식일에는 빌립보 지역에 있는 강에서 안식일을 지낼 만큼 유대교의 독실한 신자였습니다.

유대인들은 안식일을 철저하게 지킵니다. 유대인들의 신앙은 두 가지로 요약됩니다. 하나는 안식일 중심이요, 다른 하나는 회당 중심입니다. 유대인은 열 가정이 모이면 회당을 세웁니다. 그들은 집을 지을 때 회당을 중심으로 건축할 정도로 철저하게 지킵니다. 어떤 손해를 보고 어떤 핍박을 겪더라도 안식일만은 반드시 지킵니다. 그리고 반드시 회당에 가야 했습니다. 지금 있는 자리에 그대로 머물러서는 안식일을 지키는 것이 아닙니다. 이 점이 중요합니다. 우리는 때때로 집에서 예배드리기도 하고, 성경도 읽고, 기도도 하면 된다고 생각합니다. 그러나 유대인들은 그렇지 않습니다.

그런데 빌립보에는 회당이 없었습니다. 그래서 안식일을 지키기 위해 한적한 강가로 간 것입니다. 유대인의 규례에 따르면, 규칙적으로 모일 수 있는 남자의 수가 열 명만 되면 회당을 구성할 수 있었습니다. 그런데 이 수가 되지 않으면 강가나 바다 근처에 기도와 회합 장소를 마련했기 때문에 거기서 하나님께 예배를 드리려고 간 것입니다. 이때 사도 바울이 강가로 기도하러 나왔다가 여인들이 모인 것을 보고 그들에게 복음을 전했는데, 이때 그곳에 있던 루디아가 바울이 전한 복음을 들었습니다. 여러 여인들이 있었지만 그 중에 바울이 전하는 복음을 청종한 사람은 루디아뿐이었습니다. 이 곳에서 바울이 하나님의 말씀을 전할 때 예배에 참석한 루디아가 큰 은혜를 받아 예수님을 영접한 것입니다. "안식일에 우리가 기도처가 있는가 하여 문 밖 강가에 나가 거기 앉아서 모인 여자들에게 말하더니 두아디라 성의 자주 장사로서 하나님을 공경하는 루디아라 하는 한 여자가 들었는데 주께서 그 마음을 열어 바울의 말을 청종하게 하신지라"(13-14) '두아디라성의 자주 장수로서 하나님을 공경하는 루디아' 라고 했습니다(14). 비록 이방 여인이었지만, 루디아는 유대교에 입교해서 하나님을 믿는 신앙으로 충만해 있었습니다. 하나님을 공경했다는 말은, 그녀가 대충 믿은 것이 아니라 하나님을 하나님 되게 섬겼다는 말입니다. 루디아는 하나님 제일주의로 섬기며, 모든 것을 하나님 중심으로 살았던 여인입니다. 아직 유대교에 소속되었지만, 구약의 율법을 배우고 하나님을 공경할 줄 아는 여인이었습니다. 하나님을 공경한다는 말은 하나님께 가치 있는 것을 돌린다는 말입니다. 이것은 그녀가 예배를 통해서 최고의 가치를 하나님께 드렸음을 의미합니다. 자기가 가진 소중한 물질과 시간과 몸을 하나님께 드림으로 공경했다는 의미입니다. 그녀의 이러한 모습은 여러 여인들과 더불어 신앙생활을 하는 모습에서 찾아볼 수 있습니다. 하나님을 공경하는 루디아에게 성령께서 마음의 문을 열어주셨습니다. 사도 바울이 복음을 전하자 바로 예수 그리스도를 영접하였습니다. 그는 이미 마음의 준비가 되어 있는 사람이었습니다. 우리가 복음을 전파할 때에는 이미 하나님께서 복음을 받아들일 사람을 준비해 두셨다는 것을 믿어야 합니다. 또 하나님께서 쓰실 사람도 미리 준비해 두신 것을 찾아볼 수 있습니다.

하나님은 하나님의 말씀을 갈급해 하며 뜨거운 열심이 있었던 루디아와 같은 사람을 사용하십니다. 루디아가 그리스도인으로 개종할 수 있었던 것은 그녀가 하나님을 잘 공경했고, 또 마음을 열어 관심 있게 주의 말씀을 청종했기 때문입니다(14). 이처럼 믿음의 역사는 말씀을 관심 있게 청종하는 데서부터 시작됩니다.

로마의 백부장 고넬료도 하나님을 경외하는 구제와 봉사의 사람이었습니다. 그의 온 가정이 사도 베드로를 통하여 하나님의 말씀을 듣고 구원받게 되었습니다. 여호와의 율법을 즐거워하는 자가 복이 있습니다. 하나님을 경외하는 사람은 하나님의 말씀을 즐거워합니다.

사람의 심령을 통찰하시는 하나님은 루디아의 마음을 열어 말씀을 듣게 하시고, 그로 구원에 이르게 하셨습니다. 이것은 성령 하나님께서 하시는 일입니다. 그러므로 우리는 믿음으로 말씀을 전하기만 하면 됩니다. 그러면 성령께서 마음을 열어 주시고 믿게 하십니다.

어느 젊은 장로교 목사님이 큰 공업 도시에서 목회를 하고 있었습니다. 그 교회에서 가장 활동적이고 아량이 있는 한 부인이 있었는데, 그녀는 그곳에서 가장 저명하고 부자인 사람과 결혼했습니다. 그러나 그녀의 남편은 한 번도 교회에 출석하지 않았으며, 교회를 위하여 일을 한다거나 기부하는 일도 일절 없었습니다. 여러 해가 지나서 그녀의 남편은 젊은 목사님의 관심의 대상이 되었습니다. 목사님은 '전도를 해야겠다'는 생각에 그 사람과 만나기로 약속을 했습니다. 노인인 그녀의 남편은 커다란 사무실 책상 앞에 근엄하게 앉아 있었습니다. 젊은 목사님은 그의 앞에 마주 앉아 이야기를 하기 시작했습니다. 쉬운 말로 기독교 사업에 관하여 설명한 뒤 이렇게 덧붙였습니다. "나는 당신이 무엇이든지 하실 줄 압니다." 이야기가 다 끝나자 방안에는 침묵이 흘렀습니다. 젊은 목사님은 다시 한 번 똑같은 내용을 좀 더 크게 이야기했습니다. 그 목사님이 이야기를 다 마친 후에도 역시 침묵했습니다. 그때 목사님은 이처럼 별난 전도는 다시는 하지 않기를 바랐습니다. 그러나 그는 다시 한 번 더 똑같은 이야기를 들려주었습니다. 이야기가 다 끝나도 아무런 반응이 없어 밖으로 나가려고 할 때, 그녀의 남편이 종이를 집어서 글씨를 쓰기 시작했습니다. "나는 너무나 깊은 감동을 받아 아무 말도 할 수가 없었습니다." 어른이 자기 앞에서 기독교의 복음을 친절하고 솔직하게 전해 준 일은 처음이었기 때문입니다.

증거는 사람이 해도 전도는 성령께서 하십니다. 루디아는 마게도냐인 중 최초로 회심한 행동하는 신앙인이었습니다. 바울이 말씀을 전할 때 그녀는 그 자리에 있었고, 그녀의 마음을 열어주신 이는 성령님이셨습니다. 우리가 말씀을 전할 때 성령께서는 마음의 문을 열어주십니다.

반면 말씀을 거부하면 구원의 역사는 일어나지 않습니다. 1962년 어느 날, 빌리 그래함 목사님이 시애틀의 어느 호텔에서 숙박을 하고 있었습니다. 그런데 그날 밤에 하나님은 그에게 잠을 주시지 않았습니다. 그래서 무릎을 꿇고 하나님께 기도를 하는데 당시 최고의 인기 여배우인 마릴린 먼로가 떠올랐습니다. 목사님은 '하나님께서 이 여자의 영혼이 급해서 나에게 전도하게 하시려는 것'으로 생각하고 급히 먼로 양에게 전화를 걸었습니다. 먼로 양의 비서와 연결되어 그녀와 통화를 하고 싶다고 했지만 거절당했습니다. 먼로 양은 지금 침실에 들었고 통화하려면 예약 후 2주간을 기다려야 한다고 했습니다. 목사님은 지금 통화를 해야 한다고 말했지만 끝내 거절당했습니다. 빌리 그래함 목사님이 수화기를 놓았을 때 하나님도 그녀를 버렸습니다. 그녀는 그 이튿날, 침대에서 싸늘한 시신으로 발견되었습니다. 그녀는 당시 세계에서 제일 인기 있는 영화배우였습니다. 그러나 불면증 때문에 수면제를 복용하고 잠을 자던 것이 습관이 되었고, 다량의 수면제를 복용한 것이 죽음으로 이어지게 된 것입니다. 그 후에 그가 쓴 마지막 일기가 발견되었습니다. "나는 한 여성으로서 지닐 수 있는 모든 것을 가졌습니다. 아직 건강할 뿐 아니라 매우 아름답고 돈도 많이 모았습니다. 하루에도 수백 통의 팬레터를 받으며 사랑에 굶주리지도 않습니다. 부족한 것은 아무것도 없습니다. 그런데 웬일일까요? 나의 마음은 외롭고 공허하며 기쁨이나 평안이 없습니다. 나는 이유 없이 불행합니다." 그녀는 세상적으로 부족한 것이 없어 보였습니다. 그러나 그녀는 심한 고독을 느끼며 밤마다 불면증에 시달렸습니다. 평안을 느끼지 못했던 것입니다. 그녀가 하나님의 말씀을 들었다면 그녀의 인생이 달라졌을 것입니다. 참된 행복을 찾았을 것입니다.

성경은 말씀합니다. "믿음은 들음에서 나며 들음은 그리스도의 말씀으로 말미암았느니라"(롬 10:17) 하나님의 말씀은 하나님의 뜻입니다. 우리가 하나님의 뜻을 모르면 하나님을 믿을 수도 없고, 하나님의 일을 할 수도 없습니다. 그러므로 말씀을 들어야 합니다. 말씀을 듣기 위해 말씀을 들려주어야 합니다. 그때 준비된 영혼들이 듣게 됩니다. 루디아는 말씀을 사모하여 청종했기 때문에 성령께서 그녀의 마음을 열어 예수님을 영접하게 하셨습니다. 루디아는 사도 바울을 만나 말씀을 청종함으로 유럽 최초의 그리스도인이 된 것입니다. 우리가 성령을 의지하고 담대히 말씀을 전하면, 성령께서는 마음을 열어 주 예수님을 영접하게 하십니다. 우리 모두 담대히 복음을 전합시다. 성령의 역사로 루디아와 같은 믿음의 일꾼들을 주님 앞으로 인도하는 전도자의 삶을 살아갑시다.

2. 가족을 모두 그리스도께로 인도하여 구원받게 한 행동하는 신앙인이었습니다

마게도냐 최초의 그리스도인이 된 루디아는 자신 뿐 아니라 그녀의 가족들까지 구원받게 하였습니다(14-15). "저와 그 집이 다 세례를 받고"(15)

루디아가 신앙을 고백한 후 곧바로 세례가 베풀어졌습니다. 이 '집' 속에는 장사를 돕는 하인과 노예들, 그리고 어린아이도 포함되었다고 볼 수 있습니다. 루디아는 분명하고 결단력과 지도력이 있는 사람이었습니다. 자신이 예수님을 믿자마자 저와 그 집이 다 세례를 받았다고 했습니다. 차일피일 미루지 않고 당일에 받았습니다. 자기뿐 아니라 가족과 온 집안이 예수님을 영접했습니다. 정말 아름답고 귀한 일입니다. 내가 소중히 여기는 예수님이라면 자녀와 친척과 하인들, 그리고 모든 가족이 예수님을 믿어야 한다고 생각할 만큼 긍정적이고도 적극적인 신앙인이었습니다.

성경에 보면, 한 사람이 주님을 영접함으로 인하여 온 가족이 구원받은 예가 더러 있습니다. 여리고의 기생 라합이 구원받았을 때에 그녀는 자기 집안 전부를 구원시켰습니다. 고넬료가 구원받았을 때에도 그의 가정과 친족까지 구원시켰습니다. 빌립보 간수가 바울에게 복음을 받은 그날 밤에 자기의 온 가족을 불러 구원받는 역사가 나타났습니다.

행복한 가정은 온 가족이 주 예수님을 영접한 가정입니다. 인류의 역사는 에덴동산의 한 가정에서부터 출발했습니다. 하나님께서 인간에게 가장 먼저 주신 것이 가정입니다. 하나님은 인간을 사랑하셔서 가정을 주시고 행복하게 살기를 원하셨습니다. 하나님은 우리의 가정이 행복할 수 있는 비밀을 가르쳐 주셨는데, 그것은 바로 하나님의 말씀입니다. 가정은 반드시 하나님의 말씀 안에서 행복하도록 하셨습니다. 그러나 이 말씀을 벗어났을 때 가정에 불행이 찾아왔습니다. 가정의 행복은 부부 사이, 부모와 자녀 사이, 형제가 서로 화목해야 지켜질 수 있습니다. 그런데 오히려 서로를 불행하게 하는 관계로 변질된 것입니다. 우리는 하나님과의 관계가 깨어지면 다른 관계는 저절로 깨어진다는 사실을 알아야 합니다. 성경은 말씀합니다. "너는 하나님과 화목하고 평안하라 그리하면 복이 네게 임하리라"(욥 22:21) 행복한 가정은 하나님과의 관계가 바로 된 가정입니다. 가정은 하나님께서 만드셨고, 그 가정에 자녀를 주신 분도 하나님이십니다. 그러므로 가정의 축복은 여호와를 경외하는 데서부터 출발합니다. 하나님께서 태초에 천지를 창조하시고, 남자와 여자를 만드신 후에 주신 가장 큰 선물이 가정입니다. 그러므로 하나님께서 주신 이 축복의 산물인 가정을 잘 가꿀 때 행복한 삶을 소유할 수 있습니다.

가정학자 버지니아 사타이어 여사는 "가정은 마치 빙산과 같다"고 말했습니다. 빙산이 물 위로 드러난 부분은 작지만 바닷물 속에는 큰 얼음 덩어리가 잠겨 있듯, 가정도 밖으로 드러난 생활이 아름다워 보이지만 그 속에는 너무나 많은 문제들이 숨겨져 있다는 것입니다. 바로 이 문제들은 그리스도 안에서만 행복의 조건이 될 수 있다는 것입니다. 가정은 두 남녀가 만나서 자녀를 낳고 양육하는 과정에서 변화와 성장을 가져 옵니다. 그러나 가정에서의 성장 중에서 무엇보다 중요한 것은 그리스도 안에서 살아가는 신앙의 성장입니다. 가정이 그리스도 안에 있을 때에 그리스도의 역사로 살아가는 가정이 됩니다. 그리스도 안에 있을 때에 용서와 함께 죽어줄 수 있는 사랑과, 하나님의 말씀의 지혜와 용기, 그리고 그리스도 안에서의 믿음의 꿈과 소망을 경험하는 가정이 됩니다. 우리들의 가정은 그리스도 안에 있는 가정이 되어야 합니다. 그리스도 안에 있는 가정이 되기 위해서는 주 예수님이 가정의 주인이 되어야 합니다. 온 가족이 하나님을 경외하는 가정이 되어야 합니다. 그러기 위해 온 가족이 하나님께 예배드리고, 기도하며, 여호와 하나님을 찬양해야 합니다. 그리고 가정에는 항상 하나님의 말씀이 있어야 합니다. 온 가족이 하나님의 말씀을 두려워하며 그 말씀을 깨달아 순종할 수 있어야 합니다.

노아의 홍수 때 노아의 여덟 식구, 즉 그와 그의 아내와 세 아들 및 며느리들이 하나님의 말씀을 믿고 순종했습니다. 그 결과 노아의 가족은 대 홍수에서 모두 살아날 수 있었습니다. 반면 소돔과 고모라의 멸망 때에는 롯과 그의 두 딸은 하나님의 말씀에 순종하여 구원을 받았지만, 그의 아내는 불순종함으로 소금기둥이 되고, 두 사위는 농담으로 여긴 결과 유황불로 심판을 받았습니다. 우리는 우리의 가정을 행복하게 만들어야 합니다. 하나님이 지배하시는 가정, 말씀이 다스리시는 가정이 되도록 해야 합니다.

탈무드에 이런 이야기가 있습니다. 비누공장 주인이 랍비와 함께 길을 가다가 랍비에게 물었습니다. "신앙의 역사가 오랜 기간 지속되었는데도 사회는 왜 이렇게 복잡하고 많은 문제와 고통이 있습니까?" 이 말을 듣고도 조용히 걷기만 하던 랍비가 거리에서 놀고 있는 어린아이들을 만나게 되었습니다. 랍비는 비누공장 주인에게 더러운 옷을 입은 아이들을 가리키며 말했습니다. "저기를 보십시오. 비누 공장에서 그렇게도 많은 비누를 만들어 내는데도 왜 아이들의 옷은 저렇게 더럽습니까?" 비누공장 주인이 대답했습니다. "비누를 아무리 많이 만들어도 그 비누로 옷을 빨아야 깨끗해질 것 아닙니까?" 랍비가 말했습니다. "옳습니다. 아무리 신앙의 역사가 길고 믿음이 크더라도 실생활에 적용되고 응용되기 전에는 삶의 변화가 없을 것입니다."

하나님의 자녀가 된 우리 그리스도인은 자신의 가정에서부터 하나님의 자녀로서의 삶을 실천하고 생활에 적용시켜 나가야 합니다. 먼저 우리의 가정을 복음화시켜야 합니다. 우리의 가정에서 신앙생활이 구체적으로 응용되고 적용되어야 합니다. 신앙생활이 가정에서부터 구체적으로 실현되지 않는다면 그 삶이 올바르게 꽃피워질 수 없습니다. 가정은 하나님께서 우리에게 주신 삶의 목적을 이루는 기초가 되는 곳입니다. 그러기에 그리스도인의 가정 안에서의 삶이 바로 되어야만 바른 신앙인으로서의 삶이 이루어지는 것입니다. 자녀들에게는 주 안에서 부모를 순종하라 했고, 부모들에게는 주의 교양과 훈계로 자녀를 양육하라고 했습니다. 그리스도인의 가정은 행복을 창조하는 곳입니다. 행복을 창조하는 가정이라야 바른 신앙인으로서의 삶을 살아간다고 말할 수 있습니다.

행복을 창조하는 가정이 되기 위해서는 그리스도 안에서의 가정이 되어야 합니다. 행복한 가정은 그리스도 안에서 이루어집니다. 가정에 예수 그리스도가 계시면 행복한 삶이 창조됩니다. 그리스도께서 세워 가시는 가정이 되면 그곳은 행복의 보금자리입니다. 그리스도의 사랑과 말씀이 있는 가정은 행복을 창조하는 곳입니다. 그리스도 안에서 살아가는 가정이 되어야 행복을 창조하는 가정이 됩니다. 그러므로 행복한 가정이 되려면 온 가족이 주 예수 그리스도를 믿고 경외해야 합니다.

분명하고 결단력이 있는 루디아는 온 집이 세례를 받도록 했습니다. 루디아 한 사람으로 인하여 온 가족이 구원을 받고 행복한 가정을 이루었습니다. 한 사람이 그만큼 중요합니다. 한 사람이 온 가족을 구원할 수 있습니다. 주님을 믿는 한 사람이 온 가족에게 영향력을 끼쳐야 합니다. 아직도 우리의 가정이 복음화 되지 못했다면, 온 가족을 주님 앞으로 인도해야 합니다. 너무 지체하지 말고 빠른 시일 안에 인도해야 합니다. 그러기 위해 우리는 열심히 기도해야 합니다. 가족의 구원을 위해 간절히 부르짖어야 합니다. 새벽기도 시간마다 부르짖어야 합니다. 밤을 새워가며, 시간을 정해 놓고 간구해야 합니다. 간절한 마음으로 기도해야 합니다. 우리 모두 루디아처럼 온 가족을 주님께로 인도하는 행동하는 신앙인이 됩시다.

3. 주의 일을 위해 적극적으로 헌신한 사람입니다

루디아는 자기의 가정을 하나님께 드렸습니다. "우리에게 청하여 가로되 만일 나를 주 믿는 자로 알거든 내 집에 들어와 유하라 하고 강권하여 있게 하니라"(15)

루디아는 자기의 집을 개방하여 예배처로 사용했습니다. 이것은 어려운 결단이며, 헌신적이고 용감한 일입니다. 그래서 유럽 최초의 교회인 빌립보교회가 설립되어 오고가는 세대의 모범이 되고 있습니다. 루디아는 어떤 면에서 자기의 직업과 신분상 손님을 대접하며 숙식을 제공하기가 아주 어려웠으나, 예수 그리스도의 복음의 가치를 알았기 때문에 자기 집을 내놓았습니다. 복음의 가치를 안 후에는 자기의 재산이 투자된 사업과 물질과 시간의 쓰임새까지도 다 뒷전이었습니다. 소아시아에서 유럽으로 들어온 루디아는 복음 전하는 전도자들을 위해 대문을 활짝 열었습니다. 마음이 열리고 나니 복음을 알게 되었습니다. 복음을 알게 되자, 물질을 비롯하여 모든 것을 드려 봉사하는 것을 기뻐하게 되었습니다. 루디아가 구원받은 후에는 자기의 집이 어떻게 쓰여야 할지를 아는 영적으로 깨어 있는 여인이 되었습니다. 루디아는 대접해야 할 손님이 여러 명이었음에도 손익을 계산하지 않고 대문을 열었습니다. 억지로 마지못해서가 아니라 기쁨으로 감사함으로 열었습니다. 그 증거가 '강권하여 있게 하니라' 는 말씀입니다. 루디아는 지속적인 선교를 위해 교회의 문을 열었습니다. "두 사람이 옥에서 나가 루디아의 집에 들어가서 형제들을 만나 보고 위로하고 가니라"(40) 억울한 죄목을 뒤집어쓰고 감옥에 갇혔다가 나오게 된 바울과 실라가 루디아의 집으로 가게 되었습니다. 이것은 루디아가 봉사하겠다는 의지가 얼마나 강력했나를 짐작할 수 있습니다. 형식적인 인사치레가 아니었습니다. 바울과 실라가 출옥한 후 루디아의 집에 가서 형제들을 만났다는 말씀을 통해 루디아의 집이 지속적으로 복음을 전하는 교회로 쓰이고 있었음을 알 수 있습니다. 루디아의 봉사는 집을 개방하여 손님을 대접하는 정도에서 멈추지 않았습니다. 그의 집은 이제 주를 믿는 형제들이 모이는 교회로 바쳐졌습니다. 루디아는 그리스도인다운 선택이 어떤 것인지를 알고, 자기의 집을 하나님을 예배하고 선교하는 교회처로 사용했습니다. 루디아는 행동하는 신앙인이었습니다. 마음의 문과 가정의 문을 열고, 더 나아가 교회의 문을 열어 빌립보교회의 기초가 되었습니다.

바울이 하나님의 준비하심을 믿고 나아가는 선교의 여정에는 사람과 물질이 준비되어 있었습니다. 우리 하나님은 복음을 전하는 종들을 위해 아주 세밀하게 준비하시는 것을 알 수 있습니다. 복음 전파자들이 무엇으로 일하며, 어떻게 살아갈 것이며, 어디서 숙식을 할 것인가 하는 것 등은 걱정할 필요가 없습니다. 우리 하나님은 복음을 전파하는 종들을 위하여 모든 의식주 문제를 준비해 주십니다. 우리가 하나님의 일을 할 때 하나님은 우리의 모든 것을 다 책임지고 준비해 주십니다. 문제는 우리의 믿음입니다. 물질이 문제가 아니라 하나님을 믿는 믿음이 문제입니다. 하나님은 모든 것을 준비해 두시고 하나님의 일을 맡기십니다. 바울이 마게도니야 선교를 할 때 하나님은 루디아를 준비시켜 두셨습니다. 우리가 계획하는 모든 일에 하나님은 재료와 방법을 예비해 두셨습니다.

부족한 종이 남부 아프리카에 대한 선교의 비전을 가지고 준비할 때에도 하나님은 그곳에 준비해 두신 영혼들을 만나게 하셨습니다. 그리고 그곳에 한인교회와 무깐요 흑인 신학교를 준비시켜 주셨고, 두 분 선교사도 예비시켜 주셨습니다. 하나님의 교회가 계속 세워지고 있습니다. 하나님은 이스라엘 백성들이 약속의 땅에 들어가도록 모든 것을 예비해 두셨습니다. 열 가지 재앙, 홍해의 기적, 만나와 메추라기, 광야 길을 인도하는 안내자 호밥도 준비시켜 주셨습니다. 여기에는 행동하는 신앙인 모세가 있었습니다. 그리고 하나님의 약속을 끝까지 믿고 순종한 행동하는 신앙인 여호수아와 갈렙은 젖과 꿀이 흐르는 땅으로 들어갔습니다. 그러나 불순종한 사람들은 모두 광야에서 죽고 말았습니다. 하나님은 모든 것을 준비해 두셨는데 믿는 자는 복을 받고, 믿지 못하는 자는 그 복을 받지 못합니다. 문제는 우리의 믿음입니다. 교회도 믿고 순종하며 봉사하는 일과 교회를 세우는 일, 그리고 복음을 위해 마음의 문이 활짝 열린 사람이 많아야 합니다. 하나님의 영광과 주의 나라를 위한 비전을 가지고 믿음으로 나가면 주님이 모든 것을 예비해 두시고 인도해 주십니다.

대구 서현교회가 건축을 하지 않으면 안 될 지경이 되었을 때, 그 교회의 정규만 장로님이 죽을 병에 걸렸습니다. 장로님은 병을 낫게 해 주시면 예배당을 짓겠다고 다짐했습니다. 그런데 하나님이 그를 살려 주셨습니다. 그해 겨울에는 감기가 전국을 휩쓸었습니다. 그런데 이상한 것은 장로님의 약국에서 약을 사먹은 사람은 다 나았습니다. 이 소문이 나면서 사람들이 몰려왔습니다. 물질을 얼마나 부어주시는지 예배당이 완공될 때까지 손님이 넘쳤습니다. 그 장로님의 고백입니다. "내가 하나님께 예배당을 지어드리려 했더니 하나님이 다 설계하시고 지으셨습니다." 그는 행동하는 신앙인이었습니다.

믿음으로 하면 하나님께서 다 해결해 주십니다. 하나님이 모든 것을 준비해 두시고 우리에게 명령하시는데, 문제는 우리가 믿지 못하는 것입니다. "데카르트는 '나는 생각한다. 그러므로 나는 존재한다.' 루소는 '나는 느낀다. 그러므로 나는 존재한다.' 행동주의자는 '나는 행동한다. 그러므로 나는 존재한다.' 까뮈는 '나는 반항한다. 그러므로 나는 존재한다'"고 말했습니다. 그러나 그리스도인은 이렇게 고백할 수 있어야 합니다. "나는 믿는다. 그러므로 나는 존재한다." 더 나아가 "나는 헌신한다. 그러므로 나는 존재한다"라는 고백이 있어야 합니다. 이것은 바로 하나님의 일꾼, 주의 일꾼이 해야 할 고백입니다.

평범한 자주 장수였던 루디아에게 복음이 전해지자, 그녀는 그리스도를 위해 전적으로 헌신했습니다. 마게도냐 최초의 교회인 빌립보교회가 세워지는 데 지대한 공헌을 했습니다(빌 4:2). 루디아는 고향인 두아디라에 내려가서 두아디라교회를 세운 사람으로 추측됩니다(14). 이것은 영원히 상 받을 행위입니다. 하나님은 대부분의 경우 사람을 통해 역사하십니다. 유럽의 운명과 세계 역사의 방향을 바꾸어 놓은 사람이 바로 루디아였다는 사실은 우리에게 큰 도전이 됩니다. 누구든지 하나님의 감화감동하심과 인도하심에 순종하면, 생각지도 못한 놀라운 일들이 이루어진다는 사실을 우리는 루디아를 통해 알 수 있습니다.

스코틀랜드의 어느 교회에서 1년이 다 가도록 어린이 한 명만 전도한 목사님이 있었습니다. 세월이 지나 그 교회의 당회원들이 목사님에게 사인을 청하게 되었습니다. 목사님이 낙심해 있을 때에 전도를 받았던 그 어린이가 찾아와서 말했습니다. "제가 회개하고 예수님을 영접한 후 선교사가 되고 싶어졌습니다. 제가 선교사가 될 수 있도록 지도해 주십시오." 그러나 그는 가진 것이나 배운 것이 없어 정원사로 생계를 이어가는 사람이었습니다. 선교회에서조차 거부했던 그였지만, 목사님의 지도를 잘 받아 훗날 위대한 선교사가 되었습니다. 다른 선교사들은 엄두도 내지 못하던 때에 케이프타운에서 1,000Km나 내지로 뚫고 올라가서 선교지를 개척했습니다. 그곳에 자신이 배운 조경술로 아름다운 동산을 꾸미고, 원주민들의 언어를 배워 성경을 번역했습니다. 일곱 명의 자녀 중에 다섯 명을 선교사로 키웠습니다. 그가 바로 그 유명한 아프리카 선교의 대부인 모펫 선교사입니다. 그분의 사위 중에는 데이빗 리빙스턴이란 분이 있습니다. 리빙스턴이 중국 대륙의 복음화를 위한 선교사역을 위해 준비했으나 아편전쟁으로 꿈이 좌절되어 낙심천만이던 어느 날, 아프리카의 모펫 선교사를 만났습니다. 힘을 얻은 그는 모펫 선교사가 개척한 케이프타운으로부터 1,000Km 떨어진 내지보다 훨씬 깊은 곳까지 하나님의 복음을 전하였습니다.

우리 하나님은 바울과 루디아를 일으켜 유럽에 복음의 불길을 일으키셨습니다. 그리고 훗날 무명의 목회자 모펫과 리빙스턴 선교사를 일으켜 아프리카를 축복하셨습니다. 하나님은 오늘날도 행동하는 신앙인들을 찾으시고 그들을 사용하십니다. 그들은 믿음의 사람이었으며, 헌신하며 행동으로 순종한 사람들이었습니다.

우리도 행동하는 신앙인 루디아처럼 하나님의 말씀을 청종합시다. 온 가족이 구원받는 행복한 가정을 이룹시다. 전적으로 하나님 앞에 헌신함으로써 하나님의 역사에 쓰임을 받읍시다. 아멘.

³예수께서 베다니 문둥이 시몬의 집에서 식사하실 때에 한 여자가 매우 값진 향유 곧 순전한 나드 한 옥합을 가지고 와서 그 옥합을 깨뜨리고 예수의 머리에 부으니 ⁴어떤 사람들이 분내어 서로 말하되 무슨 의사로 이 향유를 허비하였는가 ⁵이 향유를 삼백 데나리온 이상에 팔아 가난한 자들에게 줄 수 있었겠도다 하며 그 여자를 책망하는지라 ⁶예수께서 가라사대 가만 두어라 너희가 어찌하여 저를 괴롭게 하느냐 저가 내게 좋은 일을 하였느니라 ⁷가난한 자들은 항상 너희와 함께 있으니 아무 때라도 원하는 대로 도울 수 있거니와 나는 너희와 항상 함께 있지 아니하리라 ⁸저가 힘을 다하여 내 몸에 향유를 부어 내 장사를 미리 준비하였느니라 ⁹내가 진실로 너희에게 이르노니 온 천하에 어디서든지 복음이 전파되는 곳에는 이 여자의 행한 일도 말하여 저를 기념하리라 하시니라

(마가복음 14:3-9)

05

행동하는 신앙인 – 마리아

제2차 세계대전 후, 일본 해군장교 가와가미 기이치 씨가 고국으로 돌아왔습니다. 그러나 일본의 현실은 차마 눈을 뜨고 볼 수 없을 정도로 피폐해져 있었습니다. 그는 매일 불평과 불만으로 세월을 보냈습니다. 그런데 이런 생활이 계속되자, 그의 몸이 점점 굳어져 움직일 수가 없게 되었습니다. 정신과 의사인 후치다 씨는 그에게 이런 처방을

내렸습니다. "하루에 1만 번씩 '감사합니다.' 하고 말하세요. 감사의 마음이 당신의 병을 치료해 줄 것입니다." 그는 병석에서 매일 '감사합니다' 라고 중얼거렸습니다. 하루는 그의 아들이 감 두 개를 주었습니다. 가와가미 기이치 씨는 손을 내밀며 "감사합니다." 하고 말했습니다. 그런데 그때부터 굳었던 몸이 풀리면서 질병에서 벗어나게 되었습니다. 불평과 불만, 원망과 저주는 모든 질병의 원인이 될 수도 있습니다. 그러나 감사는 인간의 질병을 치료하는 특효약입니다.

본문은 한 인간이 예수님께 보여주었던 가장 아름다운 사랑의 이야기로, 누가복음과 요한복음에도 나오는 중요한 사건입니다. 문둥병을 고침 받은 베다니에 사는 시몬이 예수님을 초청하여 잔치를 베풀었습니다. 그때 한 여자가 예수님의 뒤편에서 와서 자기의 머리털로 예수님의 발을 씻으며 하염없이 눈물을 흘렸습니다. 그리고 예수님의 발에 입을 맞추었습니다. 한 번이 아니라 수없이 맞추었습니다. 여기서 끝난 것이 아닙니다. 바로 자신의 전 재산이나 다름이 없는 향유를 깨뜨려서 예수님의 머리에 부었습니다. 온 방에 아름다운 향기로 가득했습니다. 이 여인이 누구냐에 대해, 성경학자들은 사람들이 던지는 돌에 맞을 뻔 했던 몸을 팔아 생활해 오던 그 여인이라고 말합니다. 또 어떤 사람은 막달라 마리아라고 합니다. 그리고 같은 동네에 사는 나사로의 누이 마리아라고 말하는 사람도 있습니다. 요한복음 12장에는 예수님께 향유를 부은 여인이 마리아라고 기록하고 있습니다.

오늘 우리가 관심을 가져야 할 주제는, 이 여인이 예수님께 행한 일은 최고의 감사라는 사실입니다. 이 여인은 최선을 다하여 예수님께 감사를 표했습니다. 감사의 달, 우리는 주님 앞에 어떤 감사를 하고 있습니까? 최고의 감사를 주님께 드립시다.

1. 주님의 은혜와 사랑을 깨달은 자의 감사입니다

"예수께서 베다니 문둥이 시몬의 집에서 식사하실 때에 한 여자가 매우 값진 향유 곧 순전한 나드 한 옥합을 가지고 와서 그 옥합을 깨뜨리고 예수의 머리에 부으니"(3)

오늘 하나님이 우리에게 주신 말씀은 예수님의 공생애 사역 중 거의 마지막 무렵에 있었던 일입니다. 내일이면 예루살렘성으로 들어가시게 되고, 수많은 사람들이 거리에 나와 '호산나'를 외칠 것입니다. 그리고 예수님의 고난주간이 시작될 것입니다. 예수님은 예루살렘에 입성하시기 전에 먼저 예루살렘 바로 곁에 있는 베다니라는 마을로 들어가셨습니다. 베다니에는 예수님과 가까이 지냈던 나사로의 집이 있던 곳입니다. 베다니에 들어가니 시몬이라는 사람이 잔치를 준비해 놓고 있었습니다. 시몬을 '문둥이 시몬' 이라고 한 것으로 보아, 그는 이전에 문둥병자였다가 예수님께서 고쳐주셔서 나은 사람임을 알 수 있습니다(3). 그는 예수님을 자기의 집으로 영접하였습니다. 예수님은 시몬의 집에서 함께 한 사람들과 식사를 하셨는데, 그때 한 여인이 옥합을 가지고 와서 깨뜨려 예수님의 머리에 부었습니다. 요한복음 12장 1-8절에서도 이와 동일한 사건이 기록되어 있습니다. 여기에서 이 여인이 나사로의 누이 '마리아' 임을 알게 됩니다. 요한복음에는 향유를 '발에 부었다'고 되어 있습니다. 그것은 머리에 부은 것이 흘러내

렸을 수도 있고, 머리와 발에 부었을 수도 있습니다. 요한복음은 또 향유를 부었을 뿐 아니라 머리털로 발을 씻었다고 되어 있습니다.

그러면 이 여인이 이런 행동을 하게 된 동기가 무엇입니까? 그것은 주님께 받은 사랑이 한 없이 크고 감사해서, 그리고 주님을 매우 사랑했기 때문입니다. 마리아는 엄청난 큰 은혜를 입었고, 주님을 무척이나 사랑했기에 최고의 감사를 드리고 싶었을 것입니다. 주님의 은혜를 아는 성도는 감사할 수밖에 없습니다. 그리고 은혜를 받은 성도는 주님을 사랑하지 않을 수 없습니다. 주님을 사랑하게 되면 반드시 감사를 드리게 됩니다.

본문에 예수님을 자기 집으로 초청하여 대접한 시몬은 이전에 문둥병으로 세상에서 버림을 받았지만 예수님의 능력으로 고침을 받았습니다. 그래서 그 은혜가 한 없이 감사하여 예수님을 초대한 것입니다. 이것은 당연한 일입니다. 시몬은 주께서 놀라운 은혜를 베풀어 주신 것에 감사하지 않을 수가 없었습니다. 시몬은 주님의 은혜에 보답하고 싶었습니다. 그래서 예수님을 초청하여 잔치를 베푼 것입니다.

그리고 그 잔치에 나타나 향유를 예수님께 부어드린 마리아 역시 주님이 베푸신 은혜에 감사한 여인입니다. 마리아는 돈이 많지도 않았고, 상류층의 여인도 아닌 낮은 계층의 사람이었습니다. 부모님이 계신 따뜻한 가정의 출신도 아닙니다. 삼 남매가 모여 사는 결손가정의 출신으로 가정의 희망인 오라비가 병들어 죽게 되는 경험을 했던 여인입니다(요 11장). 어려서부터 성장 과정에서 많은 어려움과 풍파를 겪은 여인입니다. 그러나 이런 가정에 예수님이 찾아 오셨고, 그때부터 그녀의 가정에는 하나님의 은혜가 넘쳤습니다. 예수님은 말씀을 사모하여 주님의 무릎 앞에 앉아서 말씀을 듣는 마리아를 칭찬하여 주셨습니다. 그리고 병으로 죽었던 오빠 나사로를 무덤에 장사한 지 나흘이 지났을 때, 예수님이 오셔서 다시 살려주시는 은혜를 입었습니다. 마리아는 이런 엄청난 은혜를 입었습니다. 주님의 크신 사랑을 받았기에 그냥 있을 수 없었습니다. 그래서 값비싼 향유를 주님께 부어드린 것입니다.

은혜를 많이 받으면 마리아처럼 헌신하게 됩니다. 마리아는 향유를 머리와 발에 부었습니다. 주님을 체험하고, 주님을 만나면 그 분이 얼마나 고귀한 분인지를 깨닫게 됩니다. 우리는 모두 은혜를 받았습니다. 그런데 문제는 이 은혜를 깨달을 때 감사할 수 있다는 것입니다. 주께서 내게 베푸신 크신 은혜를 깨달을 때 주님을 사랑하게 되고, 마리아처럼 행동으로 감사할 수 있습니다. 우리는 예수님 때문에 모든 죄를 용서받아 구원받은 하나님의 자녀가 되었고, 천국 백성이 되었습니다. 십자가의 구속의 은혜를 알 때 우리는 감사하지 않을 수 없습니다. 그리고 지금까지 살아오는 동안에도 우리는 많은 은혜와 사랑을 받았습니다. 올해도 우리는 참으로 많은 은혜와 사랑을 받았습니다. 우리는 이것을 감사하되 행동으로 나타내야 합니다. 감사함으로, 찬송함으로, 봉사로, 행동으로, 섬김으로 나타내어 최고의 감사를 드리는 것입니다.

어느 날, 어떤 왕이 낯선 곳을 여행하다가 조그마한 오두막을 지나게 되었습니다. 그런데 바로 그때 그 오두막에서 "하늘에 계신 우리 아버지 하나님, 이것과 그리스도로 인하여 하나님께 감사하나이다"라는 기도 소리를 듣게 되었습니다. 왕은 그 기도 소리가 너무나 진지하여 도대체 무엇이 그 가난한 집 주인으로 하여금 이처럼 진지하게 감사의 기도를 하게 했는지 알아보려고 그 집 안으로 들어갔습니다. 그런데 그 집 주인은 점심식사인 빵 한 조각을 놓고 그리스도로 인하여 하나님께 감사했다고 합니다.

어떤 성도는 주님의 은혜가 크고 감사해서 '내가 두 개의 입술을 가졌다면, 내가 세 개의 입술을 가졌다면 … 이중주로, 삼중주로 주님을 찬양할 텐데…' 하는 생각이 들었다고 합니다. 주님을 더욱 아름답게 찬양하고 싶은 마음이 타올랐던 것입니다. "만 입이 내게 있으면 그 입 다 가지고 내 구주 주신 은총을 늘 찬송하겠네" 이 찬송가사는 입이 만 개가 있어도 그 천 개의 입으로 나를 구원하신 주님을 찬양하겠다는 고백입니다. 두 개의 입이 있어도 그 입으로 주님을 더욱 찬양하고 싶고, 만 개의 입이 있어도 그 만 개의 입으로 주님의 은혜와 사랑을 찬양하겠다는 고백입니다.

우리도 주님이 우리에게 베푸신 구원의 은혜에 감사해야 합니다. 매일의 삶 속에서 은혜 주신 것을 감사해야 합니다. 지금 우리가 가지고 있는 모든 것, 누리고 있는 모든 것이 주님의 은혜임을 고백하며 감사드려야 합니다. 우리도 주님으로부터 많은 은혜를 받았습니다. 그러므로 마리아처럼 최고의 감사를 드려야 합니다.

2. 값비싼 향유를 깨어서 바친 감사였습니다

"한 여자가 매우 값진 향유 곧 순전한 나드 한 옥합을 가지고 와서

그 옥합을 깨뜨리고 예수의 머리에 부으니"(3)

'나드'는 인도의 동편에서 산출되는 것으로 왕에게 선물로 바치는 매우 값진 향유라고 합니다. 그리고 5절에서는 그 값이 300데나리온 이상에 팔 수 있는 고가의 기름이라고 했습니다. 당시 1데나리온은 장정이 하루 일하고 받는 품삯입니다. 일당이 5만원이라고 한다면, 지금의 돈으로 환산하면 1천 5백만 원입니다. 이 향유는 결혼 혼수감으로 준비한 것으로 보입니다. 그렇다면 마리아에게 있어서 이 향유는 무엇보다 귀한 것입니다. 평생을 두고 준비한 것입니다. 이것은 마리아의 피나 다름이 없는, 생명처럼 고귀한 것입니다. 그런데 마리아는 주님께 그 귀한 것을 감사함으로 바쳤습니다. 마리아는 최고의 감사를 드렸습니다. 그 근거가 본문에 잘 표현되어 있습니다. 성경에는 '매우 값진 향유 곧 순전한 나드 한 옥합'이라고 말씀합니다.

'순전한'은 다른 물질이 섞이지 않은 것으로 당시에는 포도주에 향유를 섞어서 사용했습니다. '나드'는 히말라야산맥이나 인도에서 자라는 특별한 향나무의 뿌리에서 추출한 점액성 액체입니다. 이 나드는 팔레스틴에서는 자라지 않았습니다. 당시의 값어치가 한 옥합에 3백 데나리온(5)으로 아주 고가였습니다. '옥합'은 값어치 있는 향유를 담아두는 특별한 그릇입니다. 보통 이런 값어치 있는 향유를 담아 두는 옥합은 어머니가 딸에게 상속하는 것으로 결혼을 준비하기 위해 사용했다고 합니다. 마리아는 이처럼 귀한 것을 예수님의 머리에 부은 것입니다. 그리고 '머리털로 씻었다'고 했습니다. 머리카락이 여자에게 주는 의미를 생각해 본다면 마리아는 최고의 헌신과 사랑, 그리고 감사를 주님께 드렸습니다. "만일 여자가 긴 머리가 있으면 자기에게 영광이 되나니"(고전 11:15) 손으로 씻지 않고 머리카락으로 씻었다는 것은 그 행위 속에 '나는 누구이며, 예수님은 누구이시냐' 라는 마리아의 개인적인 신앙고백이 들어 있습니다. 정성을 다한 감사가 최고의 감사입니다.

여인이 옥합을 깨뜨려 주님의 머리에 부었습니다. 성경에 머리에 향유를 붓는 경우가 몇 가지 나옵니다. 집을 방문한 손님을 최대한 환영하는 표시로 한 두 방울 떨어뜨립니다. 왕이 즉위를 할 때도 머리에 기름을 붓습니다. 창세기 28장에 보면, 야곱이 잠에서 깨어나 돌베개를 제단으로 삼고 기름을 부었습니다. 하나님의 것으로 구별하는 것입니다. 선지자를 세울 때에도 기름을 붓습니다. 또 장례식 때 시신 위에도 기름을 붓습니다. 이 여인이 예수님의 머리에 기름을 부은 것은, 어떠한 의미에서든지 최고의 영광과 존귀를 주님께 드린 것입니다. "주님을 환영합니다. 주님은 왕이십니다. 주님은 선지자이십니다"라는 뜻으로 드린 것입니다. 또 주님은 죽음까지도 예비했다고 하셨습니다. "저가 힘을 다하여 내 몸에 향유를 부어 내 장사를 미리 준비하였느니라"(8) 그런데 제자들은 무엇이라고 합니까? "어떤 사람들이 분 내어 서로 말하되 무슨 의사로 이 향유를 허비하였는가 이 향유를 삼백 데나리온 이상에 팔아 가난한 자들에게 줄 수 있었겠도다 하며 그 여자를 책망하는지라"(4-5) 그러나 주님은 이것을 반박하십니다. "가만 두어라 너희가 어찌하여 저를 괴롭게 하느냐 저가 내게 좋은 일을 하였느니라 가난한 자들은 항상 너희와 함께 있으니 아무 때라도 원하는 대로 도울 수 있거니와 나는 너희와 항상 함께 있지 아니하리라"(6-7) 가난한 자들은 너희와 항상 함께 있을 것이나 주님은 그렇지 못할 것'이라고 말씀하신 것은 가난한 사람들을 무시해서가 아닙니다. 오히려 예수님은 '지극히 작은 소자에게 한 것이 곧 내게 한 것'이라고 가르쳐 주셨습니다. 주님은 가난한 사람들을 위해서도 기적을 사용하셨습니다. 물고기 두 마리와 보리떡 다섯 개로 5천 명을 먹이셨습니다. 그러므로 여기에서 '가난한 자들은 항상 너희와 함께 한다'는 말씀은 우선순위를 말씀하시는 것입니다. 모든 일에는 항상 우선순위가 있습니다. 먼저 할 일이 있고, 지금 하지 못하면 영원히 할 수 없는 일이 있습니다. 예수님은 머잖아 십자가에 죽으시고 승천하실 것입니다. 그리고 장례를 준비하게 됩니다. 그러므로 이제 지상에서는 예수님을 볼 수 없게 됩니다. 헌신의 때를 아는 사람이 헌신합니다. 헌신의 때를 아는 사람이 향유 옥합을 깨뜨립니다. 마리아는 예수님의 고난의 때가 얼마 남지 않았다는 것을 예수님이 베다니에 이르렀을 때에 직감하였습니다. -그녀의 예상대로 예수님은 곧 고난주간에 들어가셨습니다.- 더 이상 헌신의 기회가 없을지 모를 일이었습니다. 그녀는 지금이 그녀가 드릴 수 있는 헌신의 때라는 것을 알았기 때문에 더 이상 미룰 수가 없었습니다. 그리고 다른 사람의 눈과 귀를 의식할 필요도 없었습니다. 이런 저런 생각을 하다가는 영원히 기회가 오지 않을 수도 있기 때문이있습니다.

값진 헌신을 하는 사람은 헌신의 때를 압니다. 그래서 그 때를 놓치지 않습니다. 마리아는 향유를 부어 지금 해야 할 일, 주님을 위한 일을 하고 있습니다. 주님이 기뻐하시는 일을 감사함으로 행동으로 나타내고 있습니다. 가난한 사람들에게는 주님이 승천하신 후에도 얼마든지 할 수 있습니다. 그러므로 마리아는 지금 정성을 다하여 주님께 최고의 감사, 최대의 감사를 드리고 있습니다. 우리도 가장 좋은 것으로 주님께 드려야 합니다.

구약시대에 성전에서 제물을 드릴 때는 가장 좋은 것, 즉 흠도 점도 없이 깨끗한 것을 주님께 드렸습니다. 우리도 정성을 다한 감사를 드려야 합니다. 솔로몬왕이 왕으로 즉위한 즉시 하나님 앞에 1천 번제를 드렸습니다. 소 1천 마리를 잡아서 하나님께 드린 것입니다. 이것은 엄청난 일입니다. 만약 한 번에 한 마리씩 드렸다면 얼마나 많은 시간과 정성이 들었겠습니까? 이것은 하나님께서 어린 솔로몬을 아버지 다윗의 뒤를 이어 이스라엘 백성, 즉 하나님의 택하신 백성의 왕으로 세우신 그 은혜와 사랑에 대한 최대의 감사와 정성입니다. 하나님은 1천 번의 제사를 받으시고 그에게 소원을 물으셨습니다. 그리고 전무후무한 지혜를 그에게 주셨습니다. 뿐만 아니라 구하지도 않은 부귀영화와 장수의 복도 주셨습니다. 역사상 솔로몬처럼 영화롭고 화려하게 살았던 왕은 없습니다. 은이 너무 많아 길거리에 굴러다니는 돌덩이처럼 사용했고, 아름답고 향기 나는 백향목을 길거리에 흔한 뽕나무처럼 사용했다고 했습니다. 솔로몬의 지혜를 듣기 위해 먼 나라에서도 선물을 가지고 왔습니다.

우리도 하나님께서 우리에게 베푸신 은혜와 사랑에 항상 감사합시다. 그리고 최고의 감사, 최대의 감사를 주님께 드립시다.

우리가 여기서 생각해 볼 것은 마리아의 감사는 옥합을 깨뜨린 감사라는 점입니다. 그냥 부어도 될 텐데 옥합을 깨뜨린 것은 전부를 완전히 다 드리기 위해서입니다. 완전한 감사, 최고의 감사를 드리기 위해서 깨뜨렸습니다. 모든 것을 다 드려도 아깝지 않기 때문입니다. 아까운 마음이 들면 온전한 감사가 되지 않습니다. 자기가 가진 것을 드리는데 있어 미련을 없애기 위해서입니다. 베드로가 주님을 따를 때 배와 그물을 버린 이유도 여기에 있습니다. 마리아는 머뭇거리다가 순간적으로 마음이 변할까봐 순식간에 깨뜨렸습니다. 감사는 머뭇거리면 놓치게 됩니다. 하나님께 바치는 것이 아까운 마음이 들면 최고의 감사를 드릴 수 없습니다. 인색한 마음이 들면 정성을 다한 감사가 될 수 없습니다. 마리아는 이번이 예수님께 드릴 수 있는 단 한 번의 마지막 기회라고 생각했습니다. 최고의 감사는 향유를 깨뜨려야 합니다. 이것은 자기를 깨뜨리는 것입니다. 옥합에서 중요한 것은 향유입니다. 향유가 나오려면 옥합이 깨어져야 합니다. 우리의 육신이 깨어져야 우리 속에 있는 성령의 역사가 비로소 나타나게 됩니다. 마가 요한의 다락방에 모인 120명의 성도들은 자신을 깨뜨리고 오직 주님만 바라보았을 때 성령의 충만을 받을 수 있었습니다.

향유를 깨뜨려야 집 안에 향기가 가득하게 됩니다. 우리의 자아를 깨뜨려야 그리스도의 향기를 발할 수 있습니다. 아직도 자아가 살아 있고, 교만이 나를 다스린다면 그리스도의 향기를 퍼뜨릴 수 없습니다. 우리 자신의 항아리를 깨뜨려야 합니다. 교만의 항아리를 깨뜨려야 최고의 감사를 할 수 있습니다. 사만심의 항아리를 깨뜨려야 향기를 발할 수 있습니다. 불신의 항아리와 물질에 대한 욕심의 항아리를 깨뜨려야 향기를 발할 수 있습니다. 그래야 최고의 감사를 주님께 드릴 수 있습니다.

구약시대의 예배는 소나 양을 죽여 각을 떠서 불에 태워서 번제로 드렸습니다. 자신이 거룩하신 하나님 앞에서 완전히 죽어야만 온전한 제사가 되었습니다. 이것은 우리 자신이 예배를 통하여 죽어야 함을 보여줍니다. 오늘 이 옥합을 깨뜨린 여인의 행동은 바로 예배자의 모습입니다. 자신의 옥합을 깨어서, 아니 마음을 깨어서 주님 앞에 엎드리는 것, 이것이 바로 진실한 예배입니다. 우리 마음속에 깨어져야 할 것이 완전히 깨어져야 최고의 예배, 최고의 감사를 주님께 드릴 수 있습니다. 나의 고집과 방법으로 하는 것이 아니라, 하나님의 방법과 말씀대로 하는 것입니다. 말씀대로 하기 위해서는 먼저 자신을 깨뜨려야 합니다.

우리도 마리아처럼 옥합을 깨뜨려 향유를 바쳐야 합니다. 그러기 위해 아직 깨어지지 못한 것을 과감하게 깨뜨려야 합니다. 그때 가장 아름다운 향기가 나는 향유로 최고의 감사를 드릴 수 있습니다. 우리 주님은 우리를 구원하시기 위해 십자가에서 자신의 몸을 찢으시고 피 흘려 생명까지 주신 놀라운 사랑을 우리에게 주셨습니다. 우리도 마리아처럼 우리의 가장 소중한 것을 주님께 바칠 수 있는 감사생활을 할 수 있어야 합니다. 우리가 가장 소중한 것을 바칠 수 있는 주님께 나의 하나님임을 믿고 고백할 수 있는 사람은 행복한 사람입니다. 주님께 자신의 옥합을 깨뜨려 향유를 바칠 수 있는 사람은 축복받은 사람입니다. 반면 많은 재산이 있어도 바치고 싶은 분, 최고의 감사를 하고 싶은 대상이 없어 할 수 없는 사람은 불행한 사람입니다.

우리도 마리아처럼 자아가 깨어져 값비싼 향유를 드릴 수 있어야 합니다. 주님 앞에 엎드려 주님의 발에 우리의 입술을 맞춰야 합니다. 성경은 말씀합니다. "모든 것을 너희를 위하여 하는 것은 은혜가 많은 사람의 감사함으로 말미암아 더하여 넘쳐서 하나님께 영광을 돌리게 하려 함이니라"(고후 4:15) 우리도 마리아처럼 우리 자신의 옥합을 깨뜨립시다. 그리고 주님께 우리의 향유를 바치는 행복한 감사, 최고의 감사를 드리는 축복받는 삶을 삽시다.

3. 온 천하에서도 기념할 만한 감사입니다

"내가 진실로 너희에게 이르노니 온 천하에 어디서든지 복음이 전파되는 곳에는 이 여자의 행한 일도 말하여 저를 기념하리라"(9)

이 말씀에는 두 가지 예언이 내포되어 있습니다. 복음이 온 천하에 전파된다는 것과, 이 여자의 아름다운 헌신의 행동이 그리스도인 사회에서 길이 전해지리라는 것입니다. 예수님의 말씀대로 이 여인의 헌신은 2천년이 지난 오늘날에도 계속 전해지고 있습니다. 우리도 이 본문을 통하여 마리아가 옥합을 깨뜨려 향유를 바치는 최고의 감사를 들으면서 은혜를 받고 있습니다. 앞으로도 마리아가 바친 향유 옥합의 감사와 헌신은 계속 전해질 것입니다. 주님이 오실 때까지 계속 이어지고, 이 본문을 접하는 많은 사람들이 은혜를 받아 마리아의 헌신을 닮아가려고 힘쓸 것입니다. 이 여인은 주님으로부터 칭찬을 받았습니다. 분명히 천국에서도 가장 큰 상급과 면류관을 받을 것입니다. 주님이 "저가 내게 좋은 일을 하였느니라"(6), "저가 힘을 다하여 내 몸에 향유를 부어 내 장사를 미리 준비하였느니라"(8)고 말씀하셨기 때문입니다. 주님은 마리아가 힘을 다하여 향유를 부음으로써 주님의 장사를 미리 준비했다고 말씀하셨습니다. 목숨처럼 아끼던 귀한 것을 드린 이 여인의 헌신은 아브라함이 독자를 바친 헌신과 같습니다. 주님께서 십자가에 달려 돌아가실 날이 얼마 남지 않았습니다. 가장 존귀하신 주님의 몸에 향유를 부은 행위는, 곧 돌아가시게 될 주님의 몸에 향유를 바르는 행위로 보시고 칭찬하신 것입니다. 참으로 영광스럽고 축복된 일입니다. 우리에게도 마리아처럼 주님께 칭찬받는 아름다운 헌신과 축복이 있기를 바랍니다. 주님께 바치는 우리의 헌신과 감사를 통해 많은 사람들에게 감동과 은혜를 주는 삶이 되어야 하겠습니다.

우리도 마리아처럼 큰 감사의 사람으로 칭찬받고 기억되어야 합니다. 믿음의 사람 다윗은 하나님의 은혜에 감사하여 성전을 지어 바칠 것을 소원했습니다. 그러나 하나님은 전쟁에서 피를 많이 흘린 다윗에게는 허락하지 않으시고, 그의 몸에서 태어날 평화의 사람 솔로몬에게 허락하셨습니다. 다윗은 이 말씀을 듣고 하나님께 큰 감사를 드렸습니다. 성전 건축에 필요한 많은 보석과 돈과 재료들을 준비하여 주님께 다 바침으로 큰 감사를 드렸습니다.

어떤 사람이 꿈에서 천사의 안내로 하늘 창고를 구경했다고 합니다. 어느 한 창고를 보았는데 그 안이 텅 비어 있었습니다. 천사는 창고가 비어 있는 이유를 설명해 주었습니다. "이곳은 소원이 이루어지길 간구하는 사람들에게 내려 줄 보화가 가득했던 창고입니다. 하나님께서 사람들의 기도에 응답하시느라 보화가 가득했던 창고가 텅 비게 된 것입니다." 천사와 그 사람은 또 다른 하늘 창고를 구경했습니다. 그 창고 안에는 보화가 가득 쌓여 있었습니다. "이곳은 감사하는 사람들을 위해 예비해 놓은 보화가 있는 창고입니다. 그런데 하나님께 감사드리는 사람이 너무 적어 아직도 이렇게 쌓여 있지요." 달라고 간구하는 사람은 많은데 하나님께 바치며 감사하는 사람들은 너무 적다는 말입니다.

사실 우리는 감사할 일이 많습니다. 그럼에도 불구하고 우리는 불평과 불만을 일삼습니다. 감사하는 마음은 쉽게 노화되어 감사 불감증에 걸리기 쉽습니다. 그러므로 우리가 노화방지를 위해 노력하듯이 의도적으로 감사하는 마음을 간직하기 위해서도 노력해야 합니다.

죠지 뮬러 목사가 하루는 농촌을 방문하여 부잣집 농부의 집에서 식사를 하게 되었습니다. 식탁이 풍성하게 차려져 있었습니다. 그때 뮬러 목사님이 온 가족이 모인 자리에서 말했습니다. "우리 하나님께 감사기도를 드립시다." 그때 농부가 말했습니다. "나는 그런 것은 못합니다. 농사는 내가 지었는데 누구에게 감사한다는 말이오. 그리고 나는 지성인입니다." 그 말을 듣고 한참을 바라보던 죠지 뮬러 목사님이 말했습니다. "우리 집에도 당신 같은 존재가 하나 있소." 그러자 이 농부가 반갑게 말했습니다. "아니, 당신 집에도 지성인 대학생이 있단 말이오?" 그러자 뮬러 목사님은 쳐다보지도 않고 대답했습니다. "아니오. 우리 집에 있는 돼지가 그렇소."

사람이 짐승과 다른 것은 감사할 줄 안다는 것입니다. 사람은 은혜를 알고 감사하며 살아가는 것을 배워야 합니다. 감사의 삶은 저절로 이루어지는 것이 아닙니다. 은혜를 아는 사람이 감사할 줄도 압니다. 하나님의 은혜에 감사하고, 부모의 은혜에 감사하고, 이웃의 은혜에 감사해야 합니다.

체스터튼(G. K. Chesterton)은 이렇게 말했습니다. "나의 주된 인생관은 모든 것을 감사함으로 받고 당연한 것으로 여기지 않도록 연습하는 것이다." 템플턴상을 제정한 존 템플턴은 그의 책 '열정'에서 감사의 생활을 실천하려면, ①감사할 대상을 찾아 마음을 전하고 ② 우리가 열망하는 좋은 일이 실제 일어나기 전에 미리 감사하며 ③우리에게 닥친 문제와 도전 과제에 감사하라고 말합니다. 빌헤름 웰러는 "가장 행복한 사람은 가장 많이 소유한 사람이 아니라, 가장 많이 감사하는 사람입니다"라고 말했습니다. 행복은 소유에 정비례하기보다 감사에 정비례합니다. 감사에는 경쟁력이 있습니다. 감사한 만큼 삶은 풍요롭고 행복해집니다. 감사한 만큼 인생의 질은 더욱 젊어집니다.

중국에서 오랫동안 선교사역을 했던 미국인 선교사 헨리 프로스트라는 사람이 있습니다. 그는 선교사역 중에 고통스러웠던 때를 이렇게 고백했습니다. "내가 오랫동안 중국에서 선교했지만 고향에서는 슬픈 소식이 날아왔습니다. 내 영혼에 검은 그림자가 드리워졌고, 아무리 기도해도 그 흑암의 그림자는 거두어지지 않았습니다." 그러던 어느 날, 선교본부에 들렀다가 본부 벽에 쓰인 'Try Thanksgiving' (감사를 시도해 보라)이란 글귀를 보게 되었습니다. 그리고 그는 이런 간증을 했습니다. "나는 그 시각부터 하나님께 감사를 드리기 시작했습니다. 그러자 흑암은 물러가고 내 영혼에 빛이 비취기 시작하였습니다." 감사는 마귀를 몰아내고, 우리 인생의 흑암을 거두어 햇빛을 비춰주는 큰 원동력이 됩니다. 감사는 하나님을 우리의 삶 가운데 모셔들이는 통로입니다. 감사는 패배의 인생을 승리의 인생으로 바꿉니다.

우리도 감사의 사람으로 기억되어야 하겠습니다. 향유를 부은 마리아를 칭찬하신 것처럼, 우리도 '저가 내게 좋은 일을 하였느니라'고 칭찬받는 삶을 삽시다. 그렇게 된다면 우리는 정말 행복한 사람, 최고의 감사를 드리는 사람이 될 것입니다. 그리고 우리의 자녀들과 친구들, 우리의 이웃이 '그 사람은 최고의 감사를 드린 사람이었다'고 말할 수 있는 성도가 되어야 하겠습니다.

우리는 최고의 감사를 주님께 드리는 삶을 살아야 합니다. 주님의 은혜와 사랑을 항상 깨달아야 합니다. 우리의 옥합을 깨뜨려 최고의 향유를 드리는 기쁨을 체험합시다. 정성을 다한 감사의 향유를 바치는 행복자가 됩시다. 주님이 칭찬하시고 인정하시는 최고의 감사를 드립시다. 그리하면 우리도 아름다운 헌신자, 최고의 감사를 드린 성도로 기념되는 축복을 누리게 될 것입니다. 아멘.

⁴⁶저희가 여리고에 이르렀더니 예수께서 제자들과 허다한 무리와 함께 여리고에서 나가실 때에 디매오의 아들인 소경 거지 바디매오가 길가에 앉았다가 ⁴⁷나사렛 예수시란 말을 듣고 소리 질러 가로되 다윗의 자손 예수여 나를 불쌍히 여기소서 하거늘 ⁴⁸많은 사람이 꾸짖어 잠잠하라 하되 그가 더욱 심히 소리 질러 가로되 다윗의 자손이여 나를 불쌍히 여기소서 하는지라 ⁴⁹예수께서 머물러 서서 저를 부르라 하시니 저희가 그 소경을 부르며 이르되 안심하고 일어나라 너를 부르신다 하매 ⁵⁰소경이 겉옷을 내어버리고 뛰어 일어나 예수께 나아오거늘 ⁵¹예수께서 일러 가라사대 네게 무엇을 하여주기를 원하느냐 소경이 가로되 선생님이여 보기를 원하나이다 ⁵²예수께서 이르시되 가라 네 믿음이 너를 구원하였느니라 하시니 저가 곧 보게 되어 예수를 길에서 좇으니라

(마가복음 10:46-52)

06

행동하는 신앙인 — **바디매오**

소경 바디매오는 길거리에서 구걸로 연명하며 살아가는 거지였습니다. 어느 날 예수님 일행이 여리고 지방을 지나가시게 되었을 때, 소경 바디매오가 길가에 앉았다가 이 소식을 듣고 "다윗의 자손 예수여 나를 불쌍히 여기소서"라고 소리를 질렀습니다. 그러자 많은 사람들이 조용히 하라고 꾸짖었습니다. 그러자 바디매오는 더욱 크게 "다윗의

자손 예수여 나를 불쌍히 여기소서" 하며 소리를 질렀습니다. 이때 예수님이 걸음을 멈추시고 "내가 네게 무엇을 하여 주기를 원하느냐"고 물으셨습니다. 이때 바디매오의 소원은 오직 한 가지였습니다. "보기를 원하나이다" 이때 예수님께서 바디매오를 향하여 "가라 네 믿음이 너를 구원 하였느니라" 하시자 즉시 소경이 보게 되어 예수님을 좇았습니다.

바디매오는 주님을 온전히 믿는 믿음으로 고침을 받았습니다. 우리도 바디매오의 믿음을 본받아야 합니다.

1. 예수님을 사모하고 믿었습니다

바디매오는 예수님만이 해결자이심을 믿고 만나기를 사모했습니다. "나사렛 예수시란 말을 듣고 소리 질러 가로되 다윗의 자손 예수여 나를 불쌍히 여기소서"(47)

여기서 '나를 불쌍히 여겨 달라'는 것은 자비를 베풀어 보게 해 달라는 간절한 기도입니다. 소경 바디매오의 소원은 오직 한 가지 눈을 떠서 보는 것이었습니다. 앞을 보지 못하고 살아온 바디매오에게 소원이 있다면, 그것은 오직 눈을 떠서 사물을 바로 보는 것입니다. 앞을 보지 못하는 사람들의 고통은 이루 말할 수 없을 것입니다.

소경이요, 벙어리요, 귀머거리인, 삼중고를 지녔던 헬렌 켈러가 '사흘 동안만 눈을 뜰 수 있다면'이라는 글을 썼습니다. 헬렌 켈러 여사는 아주 어려서부터 앞을 보지 못하고, 소리가 들리지 않아서 결국 말도 할 수 없게 되는 불행을 안고 살았던 사람입니다. 그를 가르치는 가정교사인 설리번이 '물' 이라는 단어 하나를 가르치는데 무려 석 달이 걸렸습니다. 그러나 그녀는 끝내 낙심하거나 포기하지 않고 계속 노력한 결과 박사학위를 받았습니다. 그녀는 신체장애자들에게 큰 용기를 불어넣었으며, 건강한 사람들에게도 큰 교훈을 주는 훌륭한 사람이 되었습니다. 헬렌 켈러가 '사흘 동안만 눈을 뜰 수 있다면' 이라는 글에서, 가장 보고 싶은 것이 무엇인지 상상해 보았습니다. "첫째날에는 친구들의 모습을 보고, 천진스러운 아기를 보고, 숲속에서 자연의 아름다움을 보고, 저녁 노을을 보겠습니다. 둘째날에는 밤이 낮으로 바뀌는 감격스러움을 보고, 미술관에 가서 예술품을 감상하고, 저녁에는 영화를 보겠습니다. 셋째날에는 해가 뜨는 광경을 보고, 길에서 사람들이 오가는 모습을 보고, 빈민가와 공장과 아이들이 노는 공원에도 가보겠습니다." 그러면서 헬렌 켈러는 이런 말을 남겼습니다. "내일이면 장님이 될 것처럼 눈을 사용하십시오. 내일이면 귀머거리가 될 것처럼 말소리와 새소리, 오케스트라의 힘찬 선율을 들어 보십시오. 하지만 모든 감각 중에 볼 수 있다는 것이 가장 즐거우리라 확신합니다."

소경의 가장 큰 욕구는 보는 것입니다. 바디매오 역시 보기를 원했습니다. 그런 그가 예수님께서 하나님 나라와 복음을 전파하시며, 병자들을 고치셨다는 말을 들었습니다. 죽어서 묘지를 향해 가던 나인성 과부의 아들도 살리셨고, 죽어 장사한 지 나흘 된 나사로도 살리셨고, 죽은 회장당 야이로의 딸도 살리셨고, 어떤 소년의 점심으로 5천 명을 먹이시고도 열두 광주리를 남겼다는 것과, 38년 된 병자와 12년

된 병자도 고치셨고, 귀머거리의 귀를 열어 주셨고, 눈 먼 자를 보게 하셨다는 소식을 듣게 되었습니다. 그러자 소경 바디매오는 예수님만 만나면 자신의 눈도 뜰 수 있다고 믿기 시작했습니다. 그래서 예수님을 만나기를 사모했습니다. 그 마음속에 희망이 솟아나 그분을 만나 보고 싶은 마음이 간절해졌습니다.

그러던 어느 날, 예수님이 지금 자기가 있는 곳으로 지나가신다는 소식을 듣게 되었습니다. 예수님을 만나보고 싶은 마음이 그의 마음에 불타올랐습니다. 많은 사람들이 몰려오는 소리가 들리자 바디매오의 마음이 뛰기 시작했습니다. 오래 전부터 만나 뵙기를 소원했던 바로 그분, 자기의 요구를 들어주시고 문제를 해결해 주실 수 있는 그분이 지금 가까이 오시는데 그냥 앉아 있을 수가 없었습니다. 드디어 바디매오가 소리쳤습니다. "다윗의 자손이여 나를 불쌍히 여기소서" 바디매오는 그의 모든 소망을 예수님께 걸었습니다. 그리고 그 분만이 치유자라는 사실을 믿고 사모했습니다. 왜냐하면 예수님을 메시아로 확신하고 있었기 때문입니다. 바디매오는 예수에 대하여 '나사렛 예수'로 소개받았습니다. 그런데도 '나사렛 예수'라 부르지 않고 '다윗의 자손 예수'라고 불렀습니다. 여기에는 중요한 의미가 있습니다.

구약성경에 메시아는 다윗의 혈통을 통해서 오신다고 예언했습니다. 그 메시아가 오시면 하나님 나라가 열리고, 놀라운 기적을 행하실 것을 믿었습니다. 그 하나님 나라를 이사야는 이렇게 표현하였습니다. "그 때에 소경의 눈이 밝을 것이며 귀머거리의 귀가 열릴 것이며 그 때에 저는 자는 사슴같이 뛸 것이며 벙어리의 혀는 노래하리니 이는 광야에서 물이 솟겠고 사막에서 시내가 흐를 것임이라"(사 35:5-6) 메시아가

오시면 소경의 눈이 열리고, 귀머거리의 귀가 열리고, 벙어리의 혀가 노래하게 된다는 말씀입니다.

마태복음 11장에도 보면, 세례 요한이 감옥에서 예수께로 사람을 보냈습니다. 세례 요한은 예수님이 메시아인 줄 믿었지만, 감옥에 있다 보니 다시 한 번 확인해 보고 싶어 제자들을 보낸 것입니다. 요한의 제자들이 "당신이 정말 오실 메시아입니까?" 하고 물었습니다. 그러자 예수께서 요한에게 할 말을 일러 주셨습니다. "소경이 보며 앉은뱅이가 걸으며 문둥이가 깨끗함을 받으며 귀머거리가 들으며 죽은 자가 살아나며 가난한 자에게 복음이 전파된다"(마 11:5) 이것이 바로 메시아 됨의 증거입니다. 메시아가 오시면 소경이 눈을 뜨게 되고, 벙어리가 말을 하게 되고, 귀머거리가 듣게 됩니다.

바디매오는 그 말씀을 믿었습니다. 바디매오는 예수를 천대받는 나사렛 사람으로 본 것이 아니라, 자신의 눈을 뜨게 해 주실 메시아로 믿었습니다. 그리고 만나기를 사모하며 기다렸습니다. 그리고 예수님이 자기 앞을 지나가신다는 소식을 듣고, "다윗의 자손이여 나를 불쌍히 여기소서"라고 소리친 것입니다. 바디매오는 '그 분이 메시아라면 내 눈도 열어주실 수가 있다. 내 인생을 새롭게 하실 수 있다. 예수님이 메시아라면 그분은 당연히 나를 고치시고 내 인생을 바꾸어 주실 수가 있다. 그분께 나아가 엎드려 구하자'고 마음 먹었습니다. 예수님은 자신의 인생을 바꾸시고, 치료하시고, 구원하실 뿐만 아니라 이 세상을 구원하시기 위해 오신 메시아로 믿었습니다. 그때부터 그의 인생이 바뀌기 시작했습니다. 그리고 바디매오가 볼 수 있게 된 결정적인 원인은 예수님을 만나고자 사모했기 때문입니다. 성경에 예수님을 사모하고 믿은 자들은 다 은혜를 입었습니다.

여리고의 세리장 삭개오도 그 중 한 사람입니다. 그도 예수님을 사모하여 만나보고 싶었습니다. 예수님이 여리고를 지나가신다는 소식을 듣고 밖으로 나왔습니다. 다른 사람들이 어떻게 보든, 세리라고 욕을 하든, 매국노라고 손가락질을 하든, 예수님을 만나고 싶었습니다. 많은 사람이 모였습니다. 그런데 키가 작은 그로서는 예수님의 모습을 볼 수가 없었습니다. 그래서 뽕나무로 올라간 것입니다. 예수님은 그를 찾아 주셨고 불러 주셨습니다. "삭개오야 내려오너라 내가 오늘 너의 집에 유하여야겠다" 삭개오는 그렇게도 사모했던 주님을 직접 만났을 뿐 아니라, 자기 집으로 영접하여 온 가정이 구원받게 되었습니다.

우리에게도 예수님을 사모하는 믿음이 필요합니다. 바디매오처럼 예수님을 만나면 눈을 떠 보게 될 줄 믿고 간절히 사모하는 마음이 필요합니다. 그 당시에도 많은 사람들이 예수님을 따라 다녔다고, 예수님을 눈으로 보았습니다. 그러나 예수님을 따라 다니고 눈으로 예수님을 보았다고 해서 다 예수님을 만나는 것이 아니란 말입니다. 우리에게 가장 중요한 것은 예수님을 사모하여 만나는 일입니다. 바디매오처럼 "다윗의 자손 예수여 나를 불쌍히 여기소서"라는 사모함이 있어야 합니다. 우리의 신앙생활도 이 사모함이 있어야 합니다. 예수님을 사랑하는 마음이 있으면 사모하게 됩니다. 예수님께 도움을 받을 일이 있으면 사모하게 됩니다. 예수님을 사모하면 새벽을 깨워 기도하게 됩니다. 하나님의 전에 나와서 기도하게 됩니다. 사모하는 마음이 있으면 가정예배도 드리게 됩니다. 주님을 사모하면 성경을 읽게 됩니다. 예수님을 사모하는 성도는 전도할 수밖에 없습니다.

우리도 바디매오처럼 "주 예수님, 나를 불쌍히 여기소서"라고 사모함으로 간절히 외칩시다. 그래서 주님을 만나 눈이 뜨이고, 병이 고쳐지는 은혜의 삶을 삽시다.

2. 포기하지 않는 신앙입니다

예수님을 만나기를 사모했던 바디매오는 예수님이 지금 그곳으로 지나가신다는 말을 듣고 소리를 질렀습니다. "다윗의 자손 예수여 나를 불쌍히 여기소서"(48)

그는 주님을 작은 소리로 부른 것이 아닙니다. 간절한 마음으로 크게 소리 질렀습니다. 그러자 많은 사람들이 그를 핀산하면서 잠잠하라고 꾸짖었습니다. "많은 사람이 꾸짖어 잠잠하라 하되 그가 더욱 심히 소리 질러 가로되 다윗의 자손이여 나를 불쌍히 여기소서 하는지라"(48) 물론 사람들은 바디매오가 지나치게 소리를 지르므로 소란을 막으려고 자연스럽게 막았을 것입니다. 그러나 바디매오는 물러서지 않았습니다. 그토록 사모하고 기다렸는데, 만약 이 기회를 놓치면 영영 예수님을 만나지 못할 수도 있다는 것을 그는 잘 알고 있었기 때문입니다. 그래서 그에게는 사람들의 핀잔이나 방해가 결코 예수님과 자기와의 사이를 차단시키는 장벽이 될 수가 없었습니다. 바디매오는 사람들이 잠잠하라고 꾸짖었지만 더욱 큰 소리로 "다윗의 자손이여 나를 불쌍히 여기소서" 하고 거듭 외쳤습니다. 그야말로 막아서고, 비난하고, 꾸짖는 사람들의 힘겨운 장애를 뛰어 넘었습니다. 많은 사람들이 잠잠히 하라고 소리를 지르며 방해했습니다. 소경은 이 무리들의 압력 앞에서도 결코 포기할 수 없었습니다. 소경은 더욱 크게 소리를 질렀다고 성경은 말씀합니다. "그가 더욱 심히 소리 질러 가로되"(48) 첫 번째 소리 지른 것이 소리였다면, 두 번째 소리 지른 것은 비명에 가까운 외침이었습니다. 소경은 방해하는 세력이 있었지만, 그 세력을 이기기 위해서 더욱 크게 소리 질렀습니다. 마치 비명에 가까운 목소리로 부르짖은 것입니다. 결과 예수님께 나아가는 장애물을 극복할 수 있었습니다. 이것은 응답을 받을 때까지 부르짖는 신앙입니다. 그 무엇으로도 예수님을 만나고자 하는 바디매오의 고함 소리를 막을 수 없었습니다. 바디매오가 예수님을 만나 볼 수 있게 된 것은 그의 포기하지 않는 신앙 때문이었습니다. 만약에 바디매오가 사람들의 방해와 장벽 때문에 주저앉고 말았다면, 그의 사모함과 희망은 좌절되고 말았을 것입니다.

우리도 마찬가지입니다. 우리가 주님을 만나려면 주님과 우리 사이의 장벽을 뛰어 넘어야 합니다. 우리가 예수님 앞에 이르기까지는 많은 신앙의 장애물이 있을 수 있습니다. 그러나 우리는 어떤 신앙의 장애물도 이겨내야 합니다. 사람들의 핀잔이나 꾸짖음에도 불구하고 세속 부르짖는 바디매오의 외침에 주님은 걸음을 멈추어 섰습니다. 바디매오의 부르짖음이, 포기하지 않는 믿음이 주님의 걸음을 멈추게 했습니다. 부르짖는 기도에는 주님의 발걸음을 멈추게 하는 힘이 있습니다. 그리고 우리가 부르짖으면 주님이 기도하는 사람에게 집중할 수 있습니다. 만약 이 소경이 부르짖지 않았다면 예수님은 그곳을 그냥 지나치고 말았을 것입니다. 주님은 계속해서 부르짖는 주의 백성의 기도에 결코 외면하지 않으십니다. 절대 그냥 지나치지 않으십니다. 그런데 우리가 주님께 부르짖는 기도를 하지 않음으로써 주님의 발걸음을 멈추게 하지 못한다면 참으로 안타까운 일일 것입니다. 우리도 바디매오처럼 부르짖는 기도로 주님의 발걸음을 멈추게 해야 합니다.

물론 하나님은 우리의 모든 필요를 아십니다. 그래서 부르짖는 기도를 하지 않아도 우리에게 필요한 것을 주십니다. 믿지 않는 사람들에게도 하나님은 햇빛과 공기와 비와 그 외에 인간이 필요로 하는 것들을 허락해 주시고 누리게 하십니다. 그러나 우리가 알아야 할 것은, 기도하지 않는 사람도 필요한 것을 받을지는 몰라도 은혜는 받지 못한다는 사실입니다. 기도하지 않는 사람들은 자신들이 받아 누리는 것이 당연한 것으로 착각하며 살기 때문입니다. 아니면 자신이 뛰어나서 얻어진 것인 줄 알고 교만해질 수도 있습니다. 그런데 성경은 교만한 사람은 곧 넘어진다고 말씀합니다. 기도하지 않는 사람은 하나님께서 축복해 주신 것을 감사하지 않습니다. 그렇지만 하나님께 기도하는 사람은 자신에게 주어진 모든 것이 하나님으로부터 온 것임을 믿고 감사하게 됩니다. 이런 사람들은 항상 감사하며 겸손합니다. 이것이 은혜를 아는 성도의 모습입니다. 그래서 기도하는 사람에게 하나님의 은혜가 임하는 것입니다. 기도하지 않는 사람은 축복은 받을지라도 은혜는 받지 못합니다. 그리고 하나님께 도움을 구하지 않는 사람은 그 축복이 길지 못합니다. 그러나 늘 기도하는 사람은 항상 은혜를 받아 누리며 살게 됩니다.

부르짖는 기도로 응답받은 사람 중에 빼놓을 수 없는 사람이 바로 야곱입니다. 믿음의 사람 야곱은 얍복강에서 밤새도록 은혜와 축복을 구했습니다. 그가 불안하고 초조할 때 나타난 천사와 밤새도록 씨름했습니다. 환도뼈가 부러져도 그는 천사를 놓지 않고 계속 부르짖었습니다. 그는 포기하지 않는 신앙을 가졌습니다. 마침내 하나님은 그에게 축복하셨습니다. 이제는 야곱이라 하지 말고 '이스라엘'이라 하라고 축복하셨습니다. 그리고 형 에서의 분노를 잠재우고 형제가 화해하게 되는 놀라운 기도 응답의 역사가 나타났습니다. 우리도 야곱처럼 하나님께서 축복하지 않으시면 죽는다는 심정으로 매달려야 합니다. 수로보니게 여인처럼 부스러기라도 좋으니 달라고 간구하는 사람에게, 포기하지 않고 부르짖어 매달리는 사람에게 하나님의 은혜가 임합니다. 기도 응답의 역사가 나타납니다. 우리 성도는 오직 하나님의 은혜로 살아갑니다.

우리 예수님은 계속적인 간구와 계속적인 기도를 가르쳐 주셨습니다. "구하라 그러면 너희에게 주실 것이요 찾으라 그러면 찾을 것이요 문을 두드리라 그러면 너희에게 열릴 것이니 구하는 이마다 얻을 것이요 찾는 이가 찾을 것이요 두드리는 이에게 열릴 것이니라 너희 중에 누가 아들이 떡을 달라 하면 돌을 주며 생선을 달라 하면 뱀을 줄 사람이 있겠느냐 너희가 악한 자라도 좋은 것으로 자식에게 줄줄 알거든 하물며 하늘에 계신 너희 아버지께서 구하는 자에게 좋은 것으로 주시지 않겠느냐"(마 7:7-11)

우리도 바디매오처럼 계속 구하고 찾고 두드려야 합니다. 장애물을 극복할 수 있는 인내심을 가지고 포기하지 않는 기도를 해야 합니다.

포기하지 않는 신앙으로 바디매오처럼 눈도 뜨고, 응답도 받고, 은혜도 받는 성도가 됩시다.

3. 버릴 것은 버리고 주님을 향해 달려왔습니다

드디어 포기하지 않고 부르짖는 바디매오의 간구를 들으신 주님이 멈추어 서서 그를 부르셨습니다. 그러자 바디매오는 겉옷을 내어버리고 일어나 달려왔습니다. "예수께서 머물러 서서 저를 부르라 하시니 저희가 그 소경을 부르며 이르되 안심하고 일어나라 너를 부르신다 하매 소경이 겉옷을 내어버리고 뛰어 일어나 예수께 나아오거늘"(49-50)

소경 바디매오는 자기의 거추장스런 겉옷을 내어버리고 그리스도에게 나아왔습니다. 이스라엘 사람들은 큰 통치마를 겉옷으로 입었습니다. 이 겉옷은 밤에는 침구로, 낮에는 옷으로 사용했습니다. 이스라엘은 낮에는 덥고 밤에는 쌀쌀합니다. 그러므로 겉옷은 생활 필수품입니다. 바디매오가 그런 필수품을 버린 이유가 무엇입니까? 주님이 부르시는데 앞은 보이지 않으니 마음이 다급했던 것입니다. 바디매오는 겉옷을 다 벗어버린 채 달려갔습니다. 이것은 신앙생활에서 포기해야 할 것은 과감하게 포기하는 것이 가장 중요하다는 것을 가르쳐 줍니다. 그리고 그 겉옷은 예수님께로 가는데 장애가 되었을 것입니다. 그래서 그는 주저하지 않고 겉옷을 벗어 던졌습니다. 그는 자기를 넘어지게 할 만한 위험한 것들이나, 어느 면에서든 자기가 그리스도에게 나아오는데 방해가 되는 것이나, 자기의 행동을 둔하게 할 만한 것들은 다 던져버렸습니다.

　예수님께 나오기를 원하는 자들은 자신의 만족의 겉옷을 내던지고, 모든 자만의 옷을 벗어버려야 합니다. 우리가 주님 앞에 나아갈 때 버릴 것은 과감하게 버려야 합니다. 우리가 주님을 만나기를 원하지만, 주님도 우리를 만나고자 부르십니다. 그런데 우리가 버려야 할 것들을 버리지 못하고, 포기해야 할 것들을 포기하지 못합니다. 우리가 버리지 못하고 포기하지 못함으로 인해 주님의 은혜와 능력을 힘입지 못할 때가 많습니다. 바디매오는 본문에서 우리 주님이 부르실 때 주님께 나아가는 자는 포기해야 할 것을 포기할 줄 알아야 한다는 것을 가르쳐 줍니다. 주님 앞에 나아갈 때 장애가 되는 것은 무엇이든 버려야 합니다. 예수님의 제자들도 주님이 부르실 때 그물과 배를 버리고 주님을 좇아갔습니다. 세관에서 세금을 받던 레위도 주님이 '나를 따라 오너라' 하실 때, 즉각 일어나 주님을 따라갔습니다. 주님의 부르심을 받은 자는 자아를 포기해야 합니다. 세속적인 것과 자신의 욕심을 포기할 수 있어야 합니다. 주님의 부르심에 응답하기 위해서는 자신의 꿈과 비전도 포기할 수 있어야 합니다.

　젊은 부자 청년이 영생을 구하러 예수님 앞에 왔을 때, 예수님은 그에게서 한 가지 부족한 것을 발견하셨습니다. 그래서 예수님이 "네 많은 재물을 가난한 자들에게 나누어주고 너는 나를 좇으라"고 하시자, 그 청년은 심히 근심하며 돌아갔다고 했습니다. 그는 이 고비를 넘지 못했습니다. 예수님을 따르는데 방해되는 것을 포기하지 못했습니다. 모든 면에서 우리는 예수님을 우선으로 생각해야 합니다. 우리가 주님을 따르고, 은혜를 받기 위해서는 무거운 것들을 다 버려야 합니다.

달리기 선수는 옷을 가볍게 입고, 가벼운 운동화를 신고 달려야 좋은 성적을 낼 수 있습니다. 그런데 만약 긴 바지를 입고, 구두를 신고 달린다면 좋은 성적을 낼 수가 없습니다. 버릴 것은 버려야 합니다. 히브리서 기자는 모든 무거운 것과 얽매이기 쉬운 죄를 벗어버리고 인내로써 우리 앞에 당한 경주를 하자고 했습니다. 어떤 겉옷을 벗어버려야 합니까? 죄와 죄를 낳는 습관을 벗어버려야 합니다. 기도하기 위하여 무릎을 꿇었을 때 하나님과 나 사이에 장애가 되는 것이 있다면 벗어버려야 합니다. 자기 사랑도 벗어버려야 할 겉옷입니다. 때로는 취미, 체면, 오락, 친구 관계가 신앙생활에 장애가 될 수도 있습니다. 그렇다면 과감하게 벗어야 합니다. 모든 무거운 것이나 얽매이기 쉬운 죄를 벗어버리고 가장 달리기에 편하도록 해야 합니다. 바디매오는 버릴 것은 버리고 수님을 향해 달려오는 믿음을 가졌습니다. 내개 많은 사람들이 이 순간에 실패합니다. 주님께 가까이 나오고, 은혜를 받고, 신앙생활을 더 잘 하려면 장애물을 벗어버려야 합니다.

전북 전주의 한 교회에서 '하나님께서 싫어하시는 것'이란 글귀를 붙인 상자를 만들어, 신자들로 하여금 그 안에 그 같은 물품들을 넣게 했다고 합니다. 하나님께서 싫어하시는 것을 가지고 있으면 그것을 그 상자에 버리라는 말입니다. 그러자 엄청난 내용물이 수집됐다고 합니다. 고급 양주에서부터 외설 테이프, 추잡한 액세서리, 불량서적 등이 수북하게 쌓였습니다. 교회에서는 이것들을 매월 정기적으로 소각하고, 성도들로 하여금 각자 새 생활을 다짐하도록 했습니다. 이 일로 인해 성도들이 더 경건하고 건전한 가정생활을 할 수 있는 기틀을 마련해 주었다고 합니다.

　우리가 주님께 가까이 나아가는데 장애물이 무엇입니까? 주님의 부르심에 응하려면 무엇을 포기해야 합니까? 하나님은 우리에게 큰 은혜를 주시려고 하는데, 우리가 그것을 받으려면 장애물이 없어야 합니다. 우리에게 그 장애물이 무엇입니까? 바디매오는 겉옷을 버렸습니다. 우리가 버려야 할 것은 무엇입니까? 세상을 버려야 합니다. 세상을 사랑하는 것과 세속적인 것을 버려야 합니다. 그래야 주님께 더 가까이 갈 수 있고, 주님의 부르심에 응답할 수 있습니다. 성경은 말씀합니다. "이 세상이나 세상에 있는 것들을 사랑치 말라 누구든지 세상을 사랑하면 아버지의 사랑이 그 속에 있지 아니하니 이는 세상에 있는 모든 것이 육신의 정욕과 안목의 정욕과 이생의 자랑이니 다 아버지께로 좇아 온 것이 아니요 세상으로 좇아 온 것이라"(요일 2:1-16) 세상을 사랑하는 것은 육신의 정욕, 안목의 정욕, 이 세상의 자랑, 욕심과 탐욕을 따라가는 것입니다. 이 모든 것들을 버리는 것이 세상을 버리는 것입니다. 우리는 세상과 천국을 함께 가질 수 없습니다. 먼저 우리가 세상을 버려야 천국을 얻을 수 있습니다. 또한 자기를 버려야 주님을 얻게 됩니다.

1) 자기 사랑을 버려야 합니다

　사람들은 자기 중심에 서서 자기의 목적 달성을 위해 주님을 이용하려는 경향이 있습니다. 오늘날 수많은 사람들이 자기 중심으로, 자기가 주인 노릇을 하면서 주님을 손님으로 취급합니다. 그래서 주님이 우리를 도와주실 수 없는 것입니다. 우리는 주님을 삶의 주인으로 섬겨야 합니다. 주님이 우리의 주인이 되시면, 주인인 주께서 우리의 삶을 다스리시게 됩니다. 우리가 가진 모든 것을 하나님께 내어놓고 하나님을 우리의 삶의 주인으로 섬기며 예배하면, 하나님께서 우리의 모든 짐을 짊어지십니다. 이는 바로 나를 버리고 하나님을 주인으로 섬길 때 가능한 일입니다.

2) 세상의 것을 주님보다 더 사랑하면 안 됩니다

우리를 지으신 하나님은 우리의 주인이 되십니다. 하나님께서 우리를 다스리시므로, 우리는 마음과 뜻과 정성과 목숨을 다하여 주 하나님을 사랑해야 합니다. 하나님보다 더 사랑하는 것이 있다면 그것이 바로 우상입니다. 부모, 처자, 물질, 지위, 명예, 권세, 그 어떤 것도 하나님보다 더 사랑하면 그것들이 바로 가증한 우상이 됩니다. 성경에는 하나님께서 가장 싫어하시는 것이 우상숭배라고 말씀하십니다. 우상은 눈에 보이는 것만이 아닙니다. 눈에 보이지 않아도 하나님보다 더 사랑하는 것이 있다면 우상입니다. 나의 것을 다 이웃을 위해 내어주고 내가 죽어야 합니다. 그럴 때 오히려 하나님께서 살려 주시고 채워 주십니다. 주님께 나아가는 자는 세상의 것을 주님보다 더 사랑하면 안 됩니다.

3) 물질에 대한 욕심을 버려야 합니다

많은 사람들이 주님의 은혜를 받고 부르심에 응답하려고 하지만 물질 때문에 실패합니다. 성경은 돈을 사랑함이 일만 악의 뿌리가 된다고 말씀합니다(딤전 6:10). 돈을 사랑하는 마음, 돈에 대한 욕심이 악의 뿌리가 된다는 말입니다. 우리는 하나님과 돈을 겸하여 섬길 수 없습니다.

옛날 황해도에서 금광을 하던 한 부자가 금괴를 잔뜩 싣고 서울로 가기 위해 배를 탔습니다. 그런데 배가 인천 부두에 도착할 무렵 풍랑을 만나 배가 뒤집힐 지경이 되었습니다. 그러자 사람들이 목숨을 건지기 위해 급히 바다로 뛰어 드는데, 이 부자는 싣고 온 금괴를 두고 갈 수 없어 전부 허리에 차고서 물속으로 뛰어 들었습니다. 그 이후 그가 다시 물 위로 솟아오르는 것을 본 사람은 아무도 없었습니다. 금괴와 함께 영원히 물속으로 가라앉고 만 것입니다. 이것이 바로 물질에 대한 탐욕입니다. 물질에 대한 욕심을 버리지 못하면 결국 물질과 함께 망하게 됩니다. 탐심과 욕심을 버려야 하나님도 얻고 축복도 받을 수 있습니다. 주님께 가까이 나아가려면 물질에 대한 탐욕을 버려야 합니다.

우리는 주님 앞에 나아가는 것을 우선으로 생각해야 합니다. 우리 주님을 첫 자리에 모시고 그 밖의 모든 것은 기꺼이 포기할 수 있어야 합니다. 진실로 주님을 만나기를 원한다면 신앙생활에 장애가 되는 것을 기꺼이 벗어버려야 합니다.

바디매오는 겉옷을 버리고 주님께 달려나와 자신의 소원을 아뢰었습니다. "예수께서 일러 가라사대 네게 무엇을 하여 주기를 원하느냐 소경이 가로되 선생님이여 보기를 원하나이다"(51) 소경은 보기를 원한다고 말했습니다. 가장 핵심적인 문제를 주님께 아뢴 것입니다.

우리도 주님 앞에 나와서 가장 중요한 문제를 아뢰어야 합니다. 우리 주님은 우리에게 가장 필요한 것이 무엇인지 다 아십니다. 우리의 모든 소원을 다 아시고 들어주십니다. 우리 주님은 간절히 사모하고 구하는 자에게 "네 믿음대로 되라"고 말씀하신 사건이 많이 나옵니다. 우리도 주님 앞에 고백해야 합니다. "주님, 은혜 받기를 원합니다. 주님의 은혜의 손길을 원합니다. 주님을 더 가까이 하기를 원합니다." 주님은 말씀하십니다. "가라 네 믿음이 너를 구원하였느니라"(52)

예수님의 능력이 바디매오의 눈을 뜨게 하셨습니다. 해결자는 예수님이셨습니다. 구원자는 예수님이십니다. 바디매오는 보기를 소원했습니다. 그리고 예수님을 믿은 결과 보게 되었습니다.

우리도 예수님만이 우리의 해결자이심을 온전히 믿고 주님을 사모하는 삶을 삽시다. 응답받을 때까지 부르짖어 기도합시다. 주님께 나아가는데, 은혜를 받는데 방해되는 모든 장애물을 버립시다. 우리 모두 바디매오의 신앙을 본받아 기도응답도 받고, 주님의 은혜와 능력도 체험하며 승리하는 삶을 삽시다. 아멘.

⁵예수께서 가버나움에 들어가시니 한 백부장이 나아와 간구하여 ⁶가로되 주여 내 하인이 중풍병으로 집에 누워 몹시 괴로와하나이다 ⁷가라사대 내가 가서 고쳐 주리라 ⁸백부장이 대답하여 가로되 주여 내 집에 들어오심을 나는 감당치 못하겠사오니 다만 말씀으로만 하옵소서 그러면 내 하인이 낫겠삽나이다 ⁹나도 남의 수하에 있는 사람이요 내 아래도 군사가 있으니 이더러 가라 하면 가고 저더러 오라 하면 오고 내 종더러 이것을 하라 하면 하나이다 ¹⁰예수께서 들으시고 기이히 여겨 좇는 자들에게 이르시되 내가 진실로 너희에게 이르노니 이스라엘 중 아무에게서도 이만한 믿음을 만나보지 못하였노라 ¹¹또 너희에게 이르노니 동서로부터 많은 사람이 이르러 아브라함과 이삭과 야곱과 함께 천국에 앉으려니와 ¹²나라의 본 자손들은 바깥 어두운데 쫓겨나 거기서 울며 이를 갊이 있으리라 ¹³예수께서 백부장에게 이르시되 가라 네 믿은대로 될지어다 하시니 그 시로 하인이 나으니라

(마태복음 8:5-13)

07

행동하는 신앙인 – **백부장**

　하나님을 믿는 성도들의 소원 중 하나가 큰 믿음의 사람이 되는 것입니다. 적은 믿음이 아니라 '큰 믿음의 삶을 살아서 주님으로부터 칭찬을 받는다면 얼마나 좋을까' 하는 것입니다. 예수님을 믿는 성도들 중에도 믿음이 큰 사람과 작은 사람이 있습니다.

본문에서 믿음이 큰 사람이 소개되고 있습니다. 로마의 백부장인 이 주인공은 자기 집의 하인이 병들어 죽게 되자 예수님을 찾아와 고쳐 달라고 간구했습니다. 그러자 예수님이 직접 방문하여 고쳐주겠다고 하셨습니다. 그러자 백부장은 주님이 자신의 집에까지 방문하신다면 감당치 못하겠으니, 말씀만으로도 종이 나을 것이니 말씀만 해달라고 말했습니다. 그러자 예수님은 이스라엘 중 아무에게서도 이만한 믿음을 만나보지 못하였다 하시며, "네 믿은대로 될지어다"라고 선포하셨습니다. 그런데 바로 그 시간에 하인의 병이 나았습니다. 우리가 관심을 가져야 할 부분은, 바로 이스라엘 중 아무에게서도 이만한 믿음을 만나보지 못하였다고 칭찬하신 내용입니다. '이만한 믿음'은 큰 믿음을 말합니다. 우리 모두 큰 믿음의 사람들이 되어야겠습니다. 그러면 예수님께서 이만한 믿음을 본 적이 없다고 칭찬하신 큰 믿음의 소유자는 어떤 신앙인이었습니까?

우리의 믿음은 어떠합니까? 큰 믿음입니까, 작은 믿음입니까? 칭찬받는 믿음의 사람입니까, 아니면 주님께 책망받을 믿음을 가진 사람입니까? 아무튼 이제 우리는 지금부터라도 모두 큰 믿음을 가져야 하겠습니다. 큰 믿음을 갖도록 모두 결심해야 합니다. 이 시간 본문에 나타난 백부장의 신앙을 본받아 우리도 큰 믿음을 가집시다.

1. 이웃을 향한 사랑으로 예수님을 찾아와 간구하였습니다

"예수께서 가버나움에 들어가시니 한 백부장이 나아와 간구하여 가로되 주여 내 하인이 중풍병으로 집에 누워 몹시 괴로워하나이다"
(5-6)

오늘 본문에 나오는 백부장은 이웃을 향한 사랑이 있었습니다. 그의 하인이 중풍병으로 심한 고통을 당하자 예수님을 찾아와 고쳐달라고 간구했습니다. 백부장은 충성스런 종이 병든 것을 보고만 있을 수 없어 주님에게 달려와서 고쳐달라고 하는 것입니다. 그의 신분이 비록 하인이었지만, 이제 중풍에 걸렸으니 쓸모없다고 버리지 않은 것은 그를 사랑했기 때문입니다. 백부장이 종의 중풍병을 고쳐주려고 예수님을 찾아온 것은 예수님에게 초자연적인 능력이 있음을 알았기 때문입니다. 이것은 백부장이 자기의 하인을 무척 사랑한다는 것을 알 수 있습니다. 그의 신분은 로마의 백부장입니다. 백부장 그는 이방인이었고, 로마인이었고, 군대의 장교였습니다. 아마도 그는 가버나움에 배치되어 그곳에 있는 수비대를 지키던 로마 군대의 지휘관이었을 것입니다. 그는 비록 군인이었지만(이러한 직업을 가진 사람은 일반적으로 긍휼이 적은 법이다) 경건한 사람이었습니다.

로마의 백부장이라고 하면 당시 세계에서 가장 용맹한 군인으로, 세계를 지배하는 최고의 권력자라 할 수 있습니다. 백부장이라고 하면 그 앞에서는 벌벌 떨 수밖에 없었습니다. 백부장은 로마 군대의 근간을 이루는 중추적인 존재였습니다. 로마의 한 개 군단은 6,000명이었습니다. 이 인원은 다시 100명씩 60개 대로 나뉘어졌고, 각각 100명의 군인을 한 명의 백부장이 관할했습니다. 그래서 1개 군단에는 모두 60명의 백부장이 있는 셈입니다.

그 당시의 백부장은 마음대로 사람을 죽일 수 있는 권한이 있었습니다. 그까짓 하인쯤이야 쓰지 못하는 물건을 버리듯 내버릴 수도 있었습니다. 그런데도 하인을 불쌍히 여겨 직접 주님께 와서 간구했다는 것은 그의 깊은 인격을 짐작할 수 있습니다. 그저 체면치레로 한두 번 해보는 것이 아니라, 간절히 진실한 마음으로 호소했습니다. 하인을 향한 사랑과 관심이 행동으로 나타난 것입니다. 사람을 보내지 않고 백부장이 직접 예수님을 찾아와 종을 고쳐달라고 간구했을 때, 예수님은 쾌히 허락하셨습니다. 백부장의 하인이 병들어 몹시 괴로워한다는 말씀을 듣자마자 예수님은 "내가 가서 고쳐주리라"(7)고 즉석에서 말씀하셨습니다.

우리가 관심을 가져야 할 부분은, 병들어 고통 속에서 죽어가는 하인을 위하여 백부장이 직접 예수님을 찾아와 간구했다는 점입니다. 이것은 이웃을 향한 사랑을 보여줍니다. 그 당시 사회에서는 종 한 사람이 아프다 죽어가는 정도는 무시하는 상전들이 많았습니다. 그러나 이 백부장은 그렇지 않았습니다. 그 영혼을 사랑했기 때문에 직접 예수님을 찾아와 하인을 고쳐달라고 간구했습니다. 우리는 이 백부장을 통해서 이웃의 영혼에 관심을 가지고 사랑하는 모습을 배워야 합니다. 이웃에 대한 관심과 사랑은 바로 선교의 동기가 됩니다. 이웃 사랑을 실천하고 행동에 옮기는 것이야말로 행동하는 신앙인의 자세입니다.

우리 예수님도 병자들과 가난한 자들과 죄인들의 영혼에 관심을 가지시고 직접 찾아가 고쳐주셨습니다. 예수님은 '가장 큰 계명은 마음을 다하고 목숨을 다하고 뜻을 다하여 주 하나님을 사랑하는 것이요, 둘째 계명은 이웃을 내 몸과 같이 사랑하는 것'이라고 말씀하셨습니다(마 22:37-39). 이 백부장은 하인을 자신의 몸처럼 사랑했습니다. 그리고 이웃 사랑을 행동에 옮겼습니다. 우리에게는 이웃을 향한 사랑이 심히 부족합니다. 우리는 이 사랑을 배워야 합니다. 대부분의 사람들은 자신만을 생각한 나머지 이웃의 처지나 입장을 고려하지 않는 자기중심적 사고와 태도를 가지고 있습니다. 내게 필요하면 가까이 하면서 친절을 베풀지만, 필요가 없으면 전혀 나와는 상관이 없는 듯 무관심하게 행동하는 것이 보통입니다. 결국 이런 자세가 우리 사회를 아프게 하고 병들게 합니다.

예수님은 자신의 생명을 주시기까지 우리를 사랑하셨습니다. "인자의 온 것은 섬김을 받으려 함이 아니라 도리어 섬기려 하고 자기 목숨을 많은 사람의 대속물로 주려 함이니라"(막 10:45) 예수님 자신이 친히 이웃 사랑을 보여주셨습니다. 바로 십자가의 사랑입니다. 자신의 피를 흘려가면서까지 사랑을 실천하셨습니다. 성령의 충만을 받은 제자들도 예수님을 본받아 이웃 사랑을 실천했습니다. 그들은 유대인뿐 아니라 이방인들에게도 핍박 가운데서도 담대하게 복음을 전파했습니다. 그들은 주님을 본받아 자신의 모든 것을 주며 섬겼습니다. 순교의 제물이 되기까지 이웃을 향한 사랑을 실천했습니다.

닥터 사우트 홀 선교사는 누구보다도 한국을 사랑했습니다. 1893년 11월 10일 서울에서 태어난 그는, 의료 선교사로서 한국인들의 질병 치료와 결핵 퇴치 계몽을 위해 땀과 눈물을 아끼지 않았습니다. 그의 부모 역시 의료 선교사로서 대한제국 말엽에 평양에 병원을 개업했는데, 아버지 윌리엄 제임스 홀은 환자들을 치료하다가 전염병으로 세상을 떠나게 되었습니다. 여동생 역시 세 살 되던 해에 한국에서 숨졌습니다. 어머니 닥터 셔우트는 병원과 더불어 여자와 어린이를 위한 학교, 시각장애인을 위한 학교 교육을 통해 사랑을 쏟은 것으로 유명합니다. 닥터 샤우트 홀은 1940년에 일본인들에 의해 국내에서 추방되었습니다.

그 당시 한국에는 많은 사람들이 폐결핵으로 죽어갔습니다. 결핵에 걸리면 격리시켜 치료하는 것이 최선의 방법입니다. 그런데도 그들은 오히려 몸 안에 있는 악귀를 쫓는다며 환자의 몸을 바늘로 찔러 상처를 내는가 하면, 신체의 특수한 부분을 불에 달군 쇠붙이로 지진 다음 무당에게 데리고 가기도 했습니다. 의료 선교사로서 한국으로 파송된 부모님으로 인해, 한국에서 태어나 성장하면서 그와 함께 살아가던 사람들이 결핵으로 하나 둘씩 죽어가는 모습을 보아 왔습니다. 그래서 샤우트 홀은 '반드시 결핵을 퇴치하는 전문의가 되어 한국에 결핵 요양원을 세우리라' 굳게 결심하게 되었습니다. 그런데 그렇게 하려면 막대한 예산이 필요했으나 자금을 모으기가 쉽지 않았습니다. 1930년 안식년이 되어 미국으로 건너가서도 한국 내 결핵 환자들을 도와줄 것을 호소했습니다. 그러다가 뉴욕에서 '크리스마스 실'에 대한 이야기를 들었습니다. - '크리스마스 실'은 덴마크의 어느 소박하고 평범한 우체국 직원에 의해 시작되었다고 합니다. 그 우체국 직원은 자기의 집 옆에 있는 작은 결핵 요양원이 경제적으로 어려움을 겪는 것을 보고 생각해 냈다고 합니다. 우표는 부자나 가난한 자나 다 사용하는 것이며, 소액이라도 많이 모으면 거액이 된다는 점에 착안했던 것입니다. 우체국 직원의 아이디어는 여론을 형성해 냈습니다. 이를 계기로 모든 사람들의 마음속에 있는 크리스마스 정신으로 '실'은

광범위하게 팔렸고, 덴마크는 결핵으로 인한 사망률이 전 세계에서 가장 낮아졌습니다.- 그 후 샤우트는 안식년을 마치고 곧장 한국으로 돌아와 '크리스마스 실'을 만들기 위해 노력했습니다. 일부에서는 "가진 것도 없는 나라에서 그런 건 불가능해요. 여긴 조선이지 서구가 아니란 말이오"라며 시큰둥한 반응을 보였지만, 이미 그의 뜻이 굳혀진 후였습니다. 그는 서울에 머무르며 정부로부터 '크리스마스 실'의 발행 허가를 위한 작업을 시작했습니다. '크리스마스 실 위원회'가 조직되었으며, 조선의료사협회에 '크리스마스 실'의 보급을 담당해 줄 것을 요청했습니다. 물론 이 과정에서도 방해의 목소리가 적지 않았습니다. "그 미친 짓 같은 크리스마스 실 사업은 왜 펼치겠다는 겁니까? 이 사업에 실패하면 누가 돈을 상환해 줍니까?" 이런 말을 다 듣자면 아무 일도 할 수 없었습니다. 오로지 결핵을 하늘의 형벌인 양 운명처럼 받아들이는 한국인들의 잘못된 사고방식을 고치고, 결핵 환자들에게 삶에 대한 소망을 주고 싶은 마음뿐이었습니다.

　비록 불안한 출발이었지만 1932년 12월 3일, 마침내 한국 최초의 '크리스마스 실'이 발행되었습니다. 다수 비관적이고 부정적인 견해를 보였던 '크리스마스 실'은 마침내 한국의 방방곡곡에 보급되었습니다. 심지어 세계로 이어져 영국의 엘리자베드 케이스와 같은 세계적인 화가들이 한국의 '크리스마스 실'에 도안을 그려주겠다며 자청하기도 했습니다. 그 결과 침대 여덟 개로 시작했던 요양원이 60여 명이 넘는 환자들을 수용할 수 있게 되었을 뿐 아니라, 요양원의 수도 점차 많아지게 되었습니다. 그는 의사로서 환자를 수용하고 치료할 수 있어 행복했던 그때의 감격을 잊을 수 없다고 말했습니다. 닥터 샤우트 홀로부터 시작된 이웃 사랑은 드디어 한국이란 나라에서 결핵을 치료하는 길이 열렸습니다.

　로마의 백부장처럼 우리도 이웃의 생명을 구하기 위해 주님 앞에 나아와 간구함으로써 사랑을 행동으로 옮기는 성도가 되어야 하겠습니다. 우리 주위에는 아직도 예수를 모른 채 죽어가는 불쌍한 영혼들이 너무도 많습니다. 우리 모두 그 불쌍한 영혼들을 예수님 앞으로 인도하기 위해, 매일 기도하고 간구함으로써 백부장처럼 행동하는 신앙인이 됩시다.

2. 전적으로 주님의 말씀을 믿고 순종하는 믿음입니다

　이 백부장의 믿음은 한 마디로 '말씀만 하옵소서. 내가 그대로 될 줄로 믿습니다.' 신앙입니다. "백부장이 대답하여 가로되 주여 내 집에 들어오심을 나는 감당치 못하겠사오니 다만 말씀으로만 하옵소서 그러면 내 하인이 낫겠삽나이다"(8)

　예수님께서 백부장의 하인을 고쳐주시겠다고 쾌히 승낙하시자, 그는 "주여 내 집에 들어오심을 나는 감당치 못하겠사오니 다만 말씀으로만 하옵소서 그러면 내 하인이 낫겠삽나이다"(8)라고 말씀드렸습니다. 백부장이 '내 집에 들어오심을 나는 감당치 못하겠사오니' 라고 말한 것은, 백부장의 집이 초라하거나 누추해서 주님을 맞이하기 싫다는 말이 아닙니다. 당시 백부장 정도라면 집의 규모가 괜찮았습니다. 다만 백부장은 왕 중의 왕이시며, 사령관 중의 사령관이신 주님께서 이방인의 하인을 고쳐주시기 위해 수고스럽게 집에까지 방문하시는 것에 대해 송구스럽고 황송하게 생각했던 것입니다. 또 다른 이유가 있습니다. "나도 남의 수하에 있는 사람이요 내 아래도 군사가 있으니 이더러 가라 하면 가고 저더러 오라 하면 오고 내 종더러 이것을 하라 하면 하나이다"(9) '나도 남의 수하에 있고, 내 아래에도 졸병이 있습니다. 그에게 가라 하면 가고, 오라 하면 오고, 이것을 하라 하면 합니다. 그런데 사령관 중의 사령관이신 주님께서 이방인의 하인 한 명을 고치려고 번거롭게 꼭 가실 필요가 있겠습니까? 다만 여기서 말씀만 한 마디 하셔도 제 하인이 낫게 될 줄 믿습니다. 그러니 굳이 제 집에까지 번거롭게 가시지 않아도 되겠습니다' 란 뜻입니다. 백부장은 군인답게 말씀드렸습니다. 군대는 명령에 복종하는 특수한 조직입니다. 명령에 살고 명령에 죽는 사회가 군대입니다. 군인으로서 주님의 능력을 믿은 백부장은 주님께서 말씀만 한 마디 하셔도 종이 치료될 것을 확신했습니다. 백부장은 예수님을 사령관 중의 사령관이자 왕 중의 왕으로 인정하고, 그분의 말씀 한 마디면 종이 나을 수 있다고 믿는 충성된 군인이었습니다. 그래서 그는 예수님에게 "다만 말씀으로만 하옵소서 그러면 내 하인이 낫겠사나이다"(8)라고 말씀드렸습니다. 백부장은 주님이 직접 환자를 만나지 않고 말씀만 한 마디 하셔도 병이 나을 것이라고 굳게 믿었습니다. 이것은 백부장이 주님의 전능하심을 믿는다는 증거입니다. 그는 전적으로 예수님의 초능력을 믿는 믿음의 소유자였습니다. 그는 이런 확신이 있었기에 예수님을 찾아와 간구했던 것입니다. 백부장은 예수님이 직접 가시겠다고 하자 말씀만으로도 충분하다고 고백했습니다.

1) 그는 먼 거리에서도 하인을 치료하실 수 있다는 확신이 있었습니다

백부장은 환자를 치료하는데 수술이나 육신적인 접촉, 또는 병에 대한 처방이 불필요하다는 것을 믿었습니다. 주문을 외우거나 특별한 안수를 하지 않아도 예수님은 능히 고치실 줄 믿었습니다. 그래서 백부장은 중풍병에 걸린 하인을 데려오지 않은 것입니다. 이 백부장은 그리스도의 능력은 어떠한 제한도 받지 않으므로, 멀고 가까운 것은 예수님에게 있어 의미가 없음을 믿었습니다. 하나님은 백부장의 믿음처럼 거리와 무관하게 역사를 이루시는 능력의 하나님이십니다.

2) 그는 약이 없어도 '말씀' 만으로도 치료하실 수 있다고 확신하였습니다

"다만 말씀으로만 하옵소서 그러면 내 하인이 낫겠사나이다"(8)

주 예수님은 그가 원하는 것은 무엇이든지 하실 수 있는 분, 즉 모든 피조물이나 자연의 세력들도 명령하실 수 있는 신적인 능력을 가지신 분임을 백부장은 인정하고 있는 것입니다.

우리 하나님은 태초에 말씀으로 천지를 창조하셨습니다. '빛이 있으라' 고 말씀하시자 빛이 생겼습니다. 풍랑이 이는 갈릴리 바다를 향하여 '잠잠하라' 고 말씀하시자 풍랑이 잔잔해졌습니다. 아람 장군 나아만이 문둥병에 걸려 엘리사를 찾아왔을 때 엘리사는 '요단강에 가서 네 몸을 일곱 번 담그라' 고만 했습니다. 그러자 처음에는 화가 많이 난 나아만도 다른 방도가 없자 그 말씀대로 순종했을 때 병이 깨끗이 나았습니다. 어린아이와 같은 피부로 변하는 기적이 일어난 것입니다. 말씀의 역사입니다. 가나 혼인 잔치에 포도주가 떨어졌을 때에도 예수님은 말씀으로 기적을 일으키셨습니다. 예수님이 항아리에 물을 채우고, 떠서 연회장에게 갖다 주라고 말씀하셨습니다. 그러자 하인들이 예수님의 말씀을 듣고 그대로 순종할 때 물이 변하여 포도주가 되는 기적이 일어났습니다. 빌립이 광야로 가라는 말씀에 순종하여 나갔을 때 이디오피아 여왕 간다게의 모든 국고를 맡은 내시를 만날 수 있었습니다. 그리고 그에게 복음을 가르쳐 주고 세례를 베풀어 이디오피아에 복음이 전파되게 했습니다. 지금도 하나님은 말씀으로 역사하십니다. 그러므로 우리는 하나님의 말씀을 그대로 믿고 순종해야 합니다. 백부장처럼 오직 말씀을 그대로 믿는 순수한 믿음을 가져야 합니다.

말씀만 믿고 순종하는 믿음이 올바른 믿음입니다. 우리는 말씀을 그대로 믿고 순종해야 합니다. 그러기 위해 말씀을 가까이 해야 합니다. 항상 말씀을 가까이 두고 읽고 묵상해야 합니다. 그리고 말씀에서 깨달은 진리를 그대로 믿고 순종해야 합니다. 십계명을 읽었으면 그대로 행동에 옮겨야 합니다. 기도하라고 하면 기도하고, 새벽을 깨우라 하면 새벽에 일어나 기도함으로 하루를 시작해야 합니다. 무엇이든 작심하고 순종할 때 역사가 일어납니다. 예배를 드리라 하면 순종함으로 열심히 드리면 거기에 은혜가 있습니다. 순종하는 마음으로 가정예배를 드리면 그 가정에 축복이 임하고, 순종하는 마음으로 성경을 일독 하면 역사가 일어나게 되어 있습니다. 나도 한 사람씩 전도하자고 할 때 순종해 보면 영혼구원의 기쁨과 상급이 있습니다.

우리 기독교인들에게 가장 요구되는 것이 순종입니다. 백부장처럼 하나님의 말씀을 그대로 믿고 순종하는 믿음이 우리에게 필요합니다. 그때 하나님의 은혜가 임하고 기적이 일어나게 됩니다. 하나님의 능력을 체험하게 됩니다. 하나님은 순종하는 자를 사용하십니다. 하나님은 말씀을 그대로 믿고 순종한 아브라함을 믿음의 조상으로 축복하셨습니다. 하나님은 생명의 위협을 느끼면서도 말씀대로 순종하여 바로 왕 앞으로 나아간 모세와 아론을 사용하셨습니다. 하나님의 종 모세의 곁을 떠나지 않고 여호와의 성막을 지킨 여호수아를 들어 사용하셨습니다.

오늘날에도 말씀대로 믿고 순종하면, 백부장의 하인처럼 즉시 일어서는 역사를 체험할 수 있습니다. 우리도 백부장처럼 '말씀만 하옵소서'의 믿음을 가집시다. 말씀을 그대로 믿고 순종하여 병을 고치고, 하나님의 능력도 체험하고, 영혼도 구원하고, 기도의 응답을 받는 행동하는 신앙인이 됩시다.

3. 큰 믿음을 가졌다는 칭찬을 받았습니다

"예수께서 들으시고 기이히 여겨 좇는 자들에게 이르시되 내가 진실로 너희에게 이르노니 이스라엘 중 아무에게서도 이만한 믿음을 만나 보지 못하였노라"(10)

'이스라엘 중 아무에게서도 이만한 믿음을 만나 보지 못하였노라'고 예수님은 백부장의 믿음을 칭찬하셨습니다. 이것은 먼저 백부장에 대한 영예를 말씀하시는 것입니다. 주님은 백부장이 비록 아브라함의 후손으로 태어난 것은 아니지만 아브라함의 믿음의 상속자로 여기셨던 것입니다. 여기에서 유의할 것은, 그리스도께서 찾으시는 것은 '믿음'이며, 그것이 어디에 있든지 비록 '겨자씨' 만한 것이라도 찾으신다는 사실입니다. 주님이 '이만한 큰 믿음' 을 보지 못하였다고 말씀하신 것은, 마치 가난한 과부가 '모든 사람보다 많이 넣었다' 고 칭찬하신 것과 같습니다(눅 21:3). 백부장은 이방인이었지만 큰 믿음을 가졌다는 칭찬을 받았습니다.

주님으로부터 믿음이 크다는 칭찬을 받다는 것은 성도의 영광입니다. 또한 이것은 우리의 목표이기도 합니다. 사람들로부터 칭찬받는 것도 즐거운 일인데, 하물며 만왕의 왕이신 우리 주님 앞에서 칭찬을 받는다면 더없이 영광스럽고 축복된 일일 것입니다. 주님 앞에서 '네 믿음이 크도다' 란 칭찬을 받는다면 그 사람은 분명 성공적인 삶을 사는 사람입니다. 교회 안에서도 칭찬을 받는다는 것은 참으로 즐겁고 감사한 일입니다.

초대교회 시대에 사도들이 일곱 집사를 택할 때의 조건이 칭찬받는 사람이었습니다(행 6:3). 이때 사용된 '칭찬받는'은 '입증하다' 라는 의미를 가진 '마르튀레오'($\mu\alpha\rho\tau\upsilon\rho\epsilon\omega$)에서 유래되었다고 합니다. 교회에서 일꾼으로 선택된 것은 믿음을 인정해 주었다고 볼 수 있습니다. 성경에 믿음이 크다고 칭찬을 받은 사람이 여러 명 있습니다. 구약에 나오는 믿음의 사람 욥은 하나님께서 인정하시고 칭찬하신 믿음입니다. 성경은 그의 믿음을 이렇게 소개합니다. "우스 땅에 욥이라 이름 하는 사람이 있었는데 그 사람은 순전하고 정직하여 하나님을 경외하며 악에서 떠난 자더라"(욥 1:1) 그의 믿음은 하나님께서 사단 앞에서 칭찬해 주신 믿음입니다. "여호와께서 사단에게 이르시되 네가 내 종 욥을 유의하여 보았느냐 그와 같이 순전하고 정직하여 하나님을 경외하며 악에서 떠난 자가 세상에 없느니라"(욥 1:8) 후에 하나님이 허락하신 범위 안에서 사단이 시험을 했습니다. 이때 욥이 모든 재산과 열 자녀를 한 번에 잃게 되는 시련을 당했을 때, 그의 큰 믿음이 빛을 발하게 되었습니다. 성경은 그의 큰 믿음을 이렇게 소개하고 있습니다. "욥이 일어나 겉옷을 찢고 머리털을 밀고 땅에 엎드려 경배하며 가로되 내가 모태에서 적신(赤身)이 나왔사온즉 또한 적신이 그리로 돌아가올지라 주신 자도 여호와시요 취하신 자도 여호와시오니 여호와의 이름이 찬송을 받으실지니이다 하고 이 모든 일에 욥이 범죄하지 아니하고 하나님을 향하여 어리석게 원망하지 아니하니라"(욥 1:20-22) 욥의 믿음은 아주 큰 믿음입니다. 우리는 욥의 믿음을 본받아야 합니다.

달란트 비유에서 보듯, 주님은 개개인의 재능과 역량에 따라 사명을 주십니다. 결코 무리한 요구를 한다거나 신분에 어울리지 않는 짐을 지우시는 일이 없습니다. 그러므로 우리는 자기에게 맡겨진 일에 최선을 다해 충실하게 일해야 합니다. 오랜 후에 주인이 돌아와 종들과 회계하게 되었습니다. 그때 주인은 다섯 달란트와 두 달란트를 받은 종에게는 착하고 충성된 종이라 칭찬하셨고, 한 달란트를 받은 종에게는 악하고 게으른 종이라 책망하셨습니다. 평가하시는 기준은 두 가지밖에 없습니다. 착하고 충성된 종과(25:21) 악하고 게으른 종입니다(25:26). 이 둘은 서로 정반대의 평가입니다. 칭찬받는 믿음을 가진 종은 기회를 놓치지 않고 열심히 주어진 사명에 충성을 다했습니다.

세월을 아끼며 믿음을 지켰습니다. 세상적인 즐거움이나 모든 방해 요소를 다 극복하고, 주어진 기회와 시간을 선용하여 주의 뜻을 이루도록 최선을 다하여 이익을 남겼습니다. 이런 종이 착하고 충성된 종입니다. 믿음의 일꾼은 이런 자세를 가져야 합니다. 반면 한 달란트를 받은 종은 칭찬은커녕 책망만 받았습니다. 그것은 이 종이 한 달란트를 우습게 여겼기 때문입니다. 그리고 다른 사람과 비교하면서 게으르고 불충성했기 때문입니다(25:25). 즉 종은 마땅히 주인을 위해 일했어야 함에도 불구하고 무위도식한 것은 도덕적으로 악한 행위란 말입니다. 이러한 자는 받았던 것까지 빼앗기게 됩니다.

주님은 큰 믿음을 가진 자에게 은혜를 베푸십니다. 주님은 큰 믿음을 가진 백부장을 칭찬하시고 그의 간구에 응답하셨습니다. "예수께서 백부장에게 이르시되 가라 네 믿은 대로 될지어다 하시니 그 시로 하인이 나으니라"(13) 큰 믿음을 가진 백부장의 하인이 예수님이 말씀하시사 즉시 나았습니다. 하나님으로부터 응답을 받은 것입니다. 불치의 병처럼 여기던 중풍병이 깨끗이 나았습니다. 이것은 하나님의 은혜의 역사입니다. 중풍병은 현대의 의술로도 거의 고치기 힘든 병입니다. 반신불수가 되기 쉬우며 활동하기도 어려운 병입니다. 말이 어눌해지고 수족을 잘 쓸 수 없는 병으로 참으로 고통스러운 병입니다.

오늘날에도 믿음의 역사는 계속 일어나고 있습니다. 우리 주님의 능력은 결코 줄어들지 않습니다. 믿음으로 병자가 고침을 받고 믿음으로 어려운 문제들이 해결됩니다. 우리도 가족과 동료가 아프고, 성도들이 아파할 때 백부장과 같은 믿음으로 그들을 위해 기도하여 기적적으로 치료되는 응답을 받읍시다. 그리하여 하나님께 영광을 돌리며 삽시다. 우리도 믿음으로 하나님의 기적과 능력을 체험하고 담대하게 증거합시다.

예수님은 백부장의 믿음을 보고 '이스라엘에 이만한 믿음을 보지 못했다'고 칭찬하셨습니다. 우리 주님은 지금도 큰 믿음을 가진 사람을 찾으십니다. 우리 주님은 '말세에 믿음을 보겠느냐'고 말씀하셨습니다(눅 18:8). 이 말씀은 마지막 시대에는 믿음을 가진 자를 찾아보기가 대단히 어렵다는 뜻이기도 하고, 말세가 되면 믿음을 지키기가 아주 어려울 것이란 뜻도 있습니다. 오늘날은 믿음을 지키기가 무척이나 어렵습니다. 주님은 사랑하는 제자들에게 "어찌하여 무서워하느냐 믿음이 적은 자들아"(26)라고 책망하신 적이 있습니다. 때로는 "믿음이 없고 패역한 세대여 내가 얼마나 너희와 함께 있으며 얼마나 너희를 참으리요"(17:17)라고 책망하시기도 했습니다. 그런데 이 백부장에게는 무엇보다 귀한 칭찬받는 믿음이 있었습니다. 이 믿음은 이스라엘에서도 찾아보지 못한 큰 믿음입니다. '말씀만 하옵소서. 그대로 믿고 따르겠습니다.' 이 얼마나 귀한 믿음입니까? 이 믿음은 주님의 칭찬을 받은 믿음입니다.

우리도 칭찬받는 믿음을 가집시다. 우리의 믿음의 분량은 얼마나 됩니까? 우리는 스스로에 대하여 잘 알고 있습니다. 우리의 신앙은 우리 스스로 평가할 수 있습니다. 하나님이 보시기에 우리의 믿음의 크기는 어떠합니까? 사람들이 보기에는 큰 믿음인 듯 보이지만 하나님이 보시기에는 어떻습니까? 우리가 큰 믿음의 사람이 된다면 주님은 우리와 더불어 크게 역사하실 것입니다. 우리의 믿음이 작은 믿음이라면 주님도 작게 역사하실 수밖에 없습니다. 우리 주님이 크게 역사하기를 원한다면 먼저 우리가 큰 믿음의 사람이 되어야 합니다.

톨스토이는 원래 제정 러시아의 명문 귀족의 아들로 태어나 백작의 작위를 받은 사람입니다. 톨스토이가 청소년 시절에 자신이 모태신앙이라는 것을 가족들로부터 듣게 되었습니다. 그러나 스스로 생각해 볼 때에 구원받지 못한 것 같아서 매일 깊은 절망으로 빠져드는 것을 느꼈습니다. 주위를 둘러보아도 거의 비슷한 수준이었습니다. 그러던 어느 날 귀족들이 멸시하는 농노 중 한 사람에게 믿음이 있는 것을 보았습니다. 그는 자신의 생활에 대하여 언제나 만족스러워 했으며, 귀족들에게서는 찾아볼 수 없는 순수한 심성으로 하나님의 말씀대로 살아가는 것이 보였습니다. 이 불쌍한 농노는 귀족들이 가지지 못한 믿음을 가지고 있었습니다. 톨스토이는 그 농노를 보는 순간부터 자신도 하나님의 말씀 앞에 단순하면서도 진지하게 살기 시작하였습니다. 우리 예수님의 말씀을 자신의 것으로 만들었고, 주님을 위해서 목숨을 잃을 각오로 자신을 양보하기 시작하였습니다. 귀족의 신분을 포기할 준비도 했습니다. 그의 모든 생활은 예수 그리스도로 채워진 승리, 바로 그것이었습니다. 그의 인생론을 읽어 보면 구구절절 신앙고백으로 채워졌으며, 예수 그리스도를 아는 것을 가장 고상한 지식과 가치관으로 소개하고 있습니다. 그 후 톨스토이의 작품은 깊은 신앙의 글이 되어 독자들에게 많은 감동을 주는 불멸의 저서들이 되었습니다. 큰 믿음은 놀라운 역사를 만들어 냅니다. 큰 믿음을 가진 자에게 주님은 은혜를 베푸십니다.

우리도 백부장처럼 이웃의 영혼을 사랑함으로 간구하는 신앙인이 됩시다. 온전히 말씀대로 믿고 순종함으로써 주님의 칭찬을 받는 민음의 역사를 체험합시다. 그리고 그 믿음의 역사를 증거합시다. 우리도 큰 믿음을 가지길 소원합시다. "주여, 나에게도 큰 믿음을 주옵소서"라고 간구합시다. 그리하여 우리 주님으로부터 칭찬받는 큰 믿음을 가진 성도가 됩시다. 아멘.

> ²⁷그 후에 나가사 레위라 하는 세리가 세관에 앉은 것을 보시고 나를 좇으라 하시니 ²⁸저가 모든 것을 버리고 일어나 좇으니라 ²⁹레위가 예수를 위하여 자기 집에서 큰 잔치를 하니 세리와 다른 사람이 많이 함께 앉았는지라 ³⁰바리새인과 저희 서기관들이 그 제자들을 비방하여 가로되 너희가 어찌하여 세리와 죄인과 함께 먹고 마시느냐 ³¹예수께서 대답하여 가라사대 건강한 자에게는 의원이 쓸데 없고 병든 자에게라야 쓸데 있나니 ³²내가 의인을 부르러 온 것이 아니요 죄인을 불러 회개시키러 왔노라
>
> (누가복음 5:27-32)

08

행동하는 신앙인 – 세리 레위

어떤 권사님이 부흥회 기간에 있은 새벽기도 시간에 큰 은혜를 받아 눈물을 뚝뚝 흘리며 집으로 돌아오는데, 거지 한 명이 집 앞에서 동냥을 하고 있었습니다. 새벽기도에 갔다 오는 길이라 수중에 돈이 없던 권사님은 다음에 오라고 말했습니다. 그래도 끝까지 시내버스비라도 보태 달라고 떼를 썼습니다. 그러자 화가 난 권사님은 거지의 깡통을 짓밟아 버리고는 대문을 잠그고 들어가 버렸습니다.

새벽기도를 무려 4시간이나 하는 할머니가 있었습니다. 이 할머니는 매일 그렇게 하지 않으면 몸이 아파서 견딜 수 없다고 합니다. 그런

데 새벽기도를 마치고 집으로 가는 길에 싸움이 일어났습니다. 다른 사람의 집 담장에 열린 호박을 따려다가 주인에게 들킨 것이 그 원인입니다. 신앙은 생활입니다. 참 신앙은 행동하는 신앙에서 나타납니다. 행동하는 신앙인이 필요합니다.

예수님은 중풍병자를 일으키는 기적을 행하신 후에 세리 레위를 부르셨습니다. 레위라는 이름이 마태복음에서는 '마태' 로 나옵니다. 보통 히브리인들은 이름이 두 개씩이었는데, 아마 레위도 '레위' 와 '마태' 라는 이름을 가지고 있었던 것 같습니다. 어떤 분은 '레위' 라는 이름은 예수를 믿기 전의 이름이고, '마태' 라는 이름은 예수를 믿고 난 후의 이름이라고 말합니다. 또 어떤 분은 '레위' 라는 이름은 히브리식 이름이고, '마태' 라는 이름은 헬라식 이름이라고 말하기도 합니다.

그는 비록 죄인이었지만 주님의 부르심을 받았을 때 행동하는 신앙인으로 바뀌었습니다. 그는 주님의 부르심을 받았을 때 즉시 일어나 따랐습니다. 그리고 주님을 위하여 잔치를 베풀었습니다. 그는 행동하는 신앙인이었습니다.

1. 그는 주님의 차별 없는 부르심을 받았습니다

"그 후에 나가사 레위라 하는 세리가 세관에 앉은 것을 보시고 나를 좇으라 하시니"(27)

우리 주님은 세리 레위를 제자로 부르셨습니다. 이것은 주님의 부르심에는 차별이 없음을 보여줍니다. 그 당시에 세리를 불러 제자로 삼는다는 것은 이해할 수 없는 충격적인 사건이었습니다. 그런데 우리 주님은 죄인을 불러 회개시켜서 주의 제자로 삼으려고 부르셨습니다. 이것은 놀라운 은혜입니다. 그 당시에 세리가 주님의 부르심을 받는다는 것은 상상도 할 수 없었기 때문입니다. 그 당시 유대인들이 가장 미워하는 대상은 바로 세리였습니다. 당시 유대 나라는 로마의 속국이었습니다. 로마는 워낙 큰 나라였기 때문에 정부의 관리들이 집집마다 찾아다니면서 세금을 거둬들일 수가 없었습니다. 그래서 대리수납제도를 사용한 것이 바로 유대인 세리 제도입니다. 입찰식으로 해서 한 지역에서 세금을 가장 많이 거둬들이겠다는 사람에게 세금 징수권이 맡겨졌습니다. 정해진 액수를 로마의 국고에 수납하고 나면, 실제로 얼마나 많은 액수를 거둬들이든 크게 상관하지 않았습니다. 그래서 세리들은 모두 부자가 될 수 있었습니다. 세금을 걷는 일은 로마를 위한 일이었기 때문에 세리는 로마의 앞잡이요, 민족의 반역자로 취급받았습니다. 그 당시 사회에서 강도와 살인자와 세리는 같은 부류로 취급될 만큼 푸대접을 받았습니다. 물론 세리들은 회당 출입도 금지되었습니다. 그런데 주님은 그런 세리를 제자로 부르셨습니다.

예수님께서 당시 유대인들에게 악한 직업이라고 지탄받던 세리를 제자로 불러 주심으로써, 주님이 베푸시는 구원의 은혜에 절망적인 사람은 아무도 없다는 것을 배우게 됩니다. 우리 예수님의 구원의 대상에는 차별이 없습니다. 도저히 하나님 앞에 나올 수 없었을 뿐더러 성전 출입마저 금지된 세리도 주님의 부르심을 받았습니다. 이 말씀은 우리도 결코 뛰어나서 구원받은 것이 아님을 상기시켜 줍니다. 우리도 주님의 은혜가 아니었다면 도무지 구원받을 수 없었던 존재들입니다. 그러므로 우리는 누구도 정죄할 수가 없습니다. 왜냐하면 우리 모두는 하나님 앞에서 다 죄인이기 때문입니다. 우리가 하나님의 부르심을 받고 구원받은 것은 전적으로 하나님의 주권적인 역사입니다. 이 큰 은혜를 받은 레위는 주를 위해 행동하지 않을 수 없었습니다.

플로리다의 빌리 류터(Billy Lewter) 목사는 자기 아버지에 관한 글을 썼습니다. 그는 1930년대 미국의 대공황 때에, 어머니와 삼 남매는 구세군 급식소에서 하루하루 끼니를 연명해 나갔습니다. 그런데 아버지는 알콜 중독에다가 도박꾼이었습니다. 류터 목사의 어머니의 말에 의하면, 그의 아버지는 여섯 살인 류터와 그 아래 두 남매를 바라보면서 "이것이 우리의 마지막이 될 것 같군"이란 말을 남기고 집을 나갔다고 합니다. 그의 아버지는 그 때까지 도박으로 진 빚을 갚기 위해 도둑이 되면서부터 경찰서를 드나들게 되었습니다. 그러다가 인생을 마무리하고자 자살을 시도하려는데, 어머니가 그것을 발견하고 울면서 교회에 나갈 것을 애원했다고 합니다. 이 일을 계기로 그의 아버지는 놀라운 변화를 가져와 기적 같은 삶을 살게 되었습니다. 인생의 밑바닥까지 떨어졌던 쓰레기 같은 인간이 예수님을 믿게 되자, 완전히 새 사람이 되어 남은 생애를 하나님께 바칠 것을 고백했습니다. 류터 목사의 아버지는 학력이 초등학교 2학년이 전부였습니다. 그러나 성경 구절을 500절 이상 암송했으며, 매일 저녁 교도소를 방문하여 전도하는 사람이 되었고, 아들을 미국의 유명한 교회의 목회자로 만들었습니다. 아버지를 회상하는 류터 목사는 "'오직 기적이다. 성령을 받을 때 이런 능력이 주어졌다'는 말밖에는 설명할 길이 없다"고 말했습니다. 하나님은 도저히 가망이 없어 보이던 그를 불러 새 사람으로 변화시켜 주셨습니다.

우리는 모두 크고 작음의 정도의 차이는 있을지언정, 영원히 죽어야 할 죄인의 신분에서 새로운 사람으로 변화된 사람들입니다. 그 이유는 죄인을 부르러 오신 예수님 때문입니다. 주님은 말씀하십니다. "건강한 자에게는 의원이 쓸 데 없고 병든 자에게라야 쓸 데 있나니 내가 의인을 부르러 온 것이 아니요 죄인을 불러 회개시키러 왔노라"(31-32) 의사는 병든 자를 위해 있습니다. 건강한 사람에게는 의사가 필요 없습니다. 그러나 병자에게는 꼭 있어야 합니다. 그런데 의사가 병균이 무섭다고 환자를 피한다면 의사라 할 수 없습니다. 우리 예수님은 영혼이 병든 자를 불러 고쳐주시려고 오셨습니다. 이것이 주님께서 죄인들을 가까이하시는 이유입니다. 우리 주님은 죄인을 불러 회개시키기 위해 오셨습니다. 이것은 우리의 사명이기도 합니다. 바리새인과 서기관들처럼 혼자 의인인 체하며 살아가는 것을 주님은 원하시지 않습니다. 레위는 주님의 차별 없는 부르심의 은혜를 받았습니다. 불러주시고 구원해 주신 이 은혜를 아는 성도는 행동합니다. 우리도 죄인을 주님 앞으로 불러내어야 합니다. 주님이 오신 목적은 우리가 이 땅에 사는 동안 취해야 할 사명이기도 합니다.

미국으로 이민을 간 어느 집사님이 쉬는 날이 되면 언제나 전도를 했습니다. 이 집사님이 주택가를 돌다가 어느 웅장한 저택 앞에 멈추게 되었는데, 그 집의 초인종을 누르고 싶은 강한 충동을 느꼈습니다. 물론 그 집에는 외국인 명의의 문패가 붙어 있었습니다. 인종 차별이 심한 미국에서 황인종이 초인종을 눌렀다가 거절이라도 당하게 되면 자존심이 꽤 상할 텐데도 누르고 싶은 충동을 어쩔 수가 없었습니다. 초인종을 세 번까지 눌러도 아무 반응이 없었습니다. 그래서 되돌아가다가 왠지 견딜 수 없는 마음에 다시 네 번째 초인종을 눌렀습니다. 그랬더니 안에서 늙은 영감님이 고개를 내밀었습니다. "무슨 일로 오셨습니까?" "예수 믿으십시오." 집사님은 단지 그 한 마디 후 전도지를 주고 돌아섰습니다. 그 전도지에는 집사님의 전화번호가 적혀 있었습니다. 그 이튿날 그 영감님으로부터 전화가 왔습니다. 만나자는 전화였습니다. 집사님이 그 집을 방문하고서야 성령님의 뜻이 얼마나 크고 위대한가를 느끼게 되었습니다. 그 노인이 이 세상이 싫어져 자살을 기도하려는 순간 초인종을 눌렀던 것입니다. 대들보에 끈을 묶고 목을 매려는 순간 초인종이 울리고, 또 울렸습니다. 세 번까지 울렸습니다. 소리가 그쳐서 다시 목을 매려고 하는데 네 번째 초인종이 울린 것입니다. 그리고 받은 전도지에는 "주 예수를 믿으라 그리하면 너와 네 집이 구원을 얻으리라"(행 16:31)는 말씀이 있었습니다. 전도는 이처럼 위대합니다. 죽을 생명도 살리는 것이 전도입니다. 성경은 말씀합니다. "너는 사망으로 끌려가는 자를 건져 주며 살륙을 당하게 된 자를 구원하지 아니치 말라"(잠 24:11) 주님은 우리에게 명령하셨습니다. "너는 말씀을 전파하라 때를 얻든지 못 얻든지 항상 힘쓰라 범사에 오래 참음과 가르침으로 경책하며 경계하며 권하라"(딤후 4:2), "너희는 온 천하에 다니며 만민에게 복음을 전파하라"(막 16:15)

　　우리도 세리 레위와 같은 죄인들이었는데 주님의 부르심으로 구원받게 되었습니다. 이제 우리에게는 죄인들이 회개할 수 있도록 주님께로 인도할 사명이 주어졌습니다. 그러므로 우리는 우리가 사는 부산과 이웃에게 그리스도의 복음을 전해야 합니다. 구원의 길, 행복의 길로 초청하는 이 사역에 모두 동참하시기를 바랍니다.

2. 주의 부르심에 결단하고 따라갔습니다

"그 후에 나가사 레위라 하는 세리가 세관에 앉은 것을 보시고 나를 좇으라 하시니 저가 모든 것을 버리고 일어나 좇으니라"(27-28)

레위는 예수님의 초청에 응하였습니다. 예수님이 부르실 때 '저가 모든 것을 버리고' 일어나 좇았다고 했습니다. 레위는 주저하지 않고 모든 것을 버리고 즉시 주님을 따랐습니다. 모든 것을 버리고 주님을 따라 나섰다는 것은, 과거의 모든 생활을 깨끗이 청산하고 예수를 따르는 삶을 살았다는 뜻입니다. 레위의 신앙은 '모든 것을 버리고'의 신앙입니다. 예수님께서 레위를 초청하셨지만 선뜻 응답하기가 어려웠을 것입니다. 당시 많은 돈을 벌 수 있는 직장을 버리고 예수님을 따르기까지는 중대한 결단이 필요했습니다. 큰 손해를 보면서까지 예수님을 따라야만 할 것인지를 두고 많은 생각을 했을 것입니다. 그러나 레위는 결단했습니다. 레위는 세무직을 버리고 예수님의 초청을 받아들였습니다. 행동하는 신앙인은 결단하는 사람입니다. 주님을 따르는 사람은 모든 것을 버릴 줄 알아야 합니다. 자기를 부인하고 포기한다는 것은 결코 쉬운 일이 아닙니다. 모든 것을 버린다는 것은 세상적인 것을 포기할 때 가능합니다. 주님이 부르실 때 그는 결단하고 행동에 옮겼습니다. 행동하는 신앙인은 버릴 것은 과감하게 버릴 줄 알아야 합니다. 우리가 주님을 따르는데 방해되는 것은 무엇이든 버려야 합니다. 레위처럼 모든 것을 버리더라도 주님을 따르는 결단이 있어야 합니다. 만약 우리가 스스로 버리지 못하면, 언젠가는 다른 사람에 의해 버려지는 수모를 겪게 될 수도 있습니다. 그런데 우리가 과감하게 버리면 하나님은 더 놀랍게 채워주십니다. 세리 마태가 주님의 부르심에 순종하기 위해 직업과 재산을 버리고 끝까지 주님을 따랐습니다. 말년에는 에디오피아에서 복음을 전하다가 창과 칼에 찔려 순교를 당했다고 전해지고 있습니다. 세상적으로 보면 큰 희생을 한 것이지만 주님은 놀랍게 채워주셨습니다. 그는 영광스런 열두 사도의 반열에 섰습니다. 오고가는 세대의 수많은 사람들이 읽고 하나님 앞으로 돌아오게 하는, 신약의 첫 권인 마태복음의 저자가 되는 영광을 얻었습니다. 그리고 전 세계적으로 그의 신앙을 따르고자 마태라는 이름을 쓰는 사람도 수없이 많습니다. 그는 예수님을 위해 자기의 것을 버렸지만 주님은 넘치도록 축복하셨습니다. 주님을 위해 버리고 따랐던 행동하는 신앙인 마태는 진정한 성공자요, 축복받은 사람입니다. 우리도 세상의 것을 버리고 주님을 따르면, 주님은 넘치는 축복과 은혜로 채워주실 줄 믿어야 합니다.

아프리카의 위대한 의사요 선교사인 슈바이처도 포기함으로 얻은 모델적인 인물입니다. 슈바이처(Albert Schweitzer, 1875-1965)는 아프리카의 흑인들이 의사가 없어 고통을 당한다는 사실을 알게 되었습니다. 그래서 모교인 슈트라스부르크 대학에서 청강생으로 의학을 공부하여 1913년에 적도 아프리카(지금의 가봉 공화국)로 떠났습니다. 슈바이처의 재능은 참으로 다양합니다. 그는 대학에서 신학과 철학을 공부하여 목사와 대학교수로 활동했습니다. 그는 어려서부터 천부적 재능을 발휘했던 파이프오르간 연주자이기도 합니다. 또한 그 당시 과도한 풍압(風壓)으로 오르간의 음색이 손상되는 것을 지적하면서 근대 오르간의 간소화를 위해 공헌한 바도 있다고 합니다. 특히 그는 음악의 대가인 바흐에 심취하여 그를 연구한 음악가이기도 합니다. 슈바이처가 아프리카로 떠나기 전, 그에게 가장 중요한 삶 가운데 세 가지를 포기했었다고 합니다. 첫째는 심취했던 바흐의 음악을 포기했었고, 둘째는 명성을 떨칠 수 있었던 대학교수직을 포기했었고, 셋째는 풍요롭고 안락한 자신의 삶을 포기했었습니다. 그는 이 모든 것을 포기한 후, 적도 아프리카의 오고웨 강변 랑바레네에 병원을 설립했습니다. 그는 거기에서 자신의 모든 것을 바쳐 그들의 질병을 고쳐주었을 뿐 아니라 영혼의 구원을 위해 복음을 전했습니다. 그러나 그는 자신이 포기했던 것에 대해서 결코 미련이 없었습니다. 고난 받는 자들을 위한 자신의 헌신을 통해 오히려 그의 마음은 기쁨과 감사로 충만했습니다. 그러나 하나님은 슈바이처의 희생과 사랑에 대해서 침묵하지 않으시고 오히려 더 큰 것으로 갚아주셨습니다. 슈바이처는 그토록 심취했던 바흐의 음악을 포기했었지만, 바흐협회에서는 모든 회원늘이 참여하는 대대적인 연주회를 아프리카에서 열어주었습니다. 뿐만 아니라 대형 오르간도 선물했다고 합니다. 또한 존경과 명예가 뒤따르는 교수직을 포기했었지만, 하나님은 그에게 평생 할 수 있는 분량의 강의를 단 1년 동안에 할 수 있도록 허락하셨습니다. 안식년을 맞아 귀국한 그에게 대학마다 앞 다투어 초청해서 그의 강의를 듣고자 했습니다. 그리고 그는 자신의 풍요롭고 안락한 생활을 포기했었지만, 그가 저술한 자서전을 비롯한 많은 책들이 베스트셀러가 되어 자신이 선택한 삶의 가치를 확인할 수 있었습니다. 그로 인해 그 마음에 충만한 기쁨을 가질 수 있었습니다.

우리도 주님을 위하여 버리면 얻게 되는 비결을 체득해야 합니다. 우리는 주님을 따르는 일에 용감하게 행동해야 합니다. 예배드리는 일이나 기도하는 일에도 주저하지 말고 행동에 옮겨야 합니다. 우리가 주님을 따르기 위해 시간과 물질을 바치며 순종하면 하나님은 차고 넘치도록 채워주실 것입니다. 우리는 주님의 은혜와 사랑, 그리고 축복을 체험해야 합니다.

미국 뉴욕에 갑자기 영하 34도까지 떨어지는 주일이 있었습니다. 그날 뉴욕교회에는 평소 절반 정도의 교인들이 출석했습니다. 자동차가 얼어붙는 살인적인 추위로 몸이 약한 사람들은 활동하기 어려웠기 때문입니다. 그런데 그런 날에도 88세의 골디 슈리버라는 할머니는 지금까지 늘 해오던 대로 100세의 해밀턴 노인의 집에 들렀다가, 교회로 가는 길에 94세 된 친구 할아버지인 파크스의 집에도 들렀습니다. 그리고 하나님께 예배드렸습니다. 목사님이 감격하시며 위험하지 않았느냐고 물었습니다. 그때 할머니는 이렇게 대답하였습니다. "작은 십자가를 지고 가는 것뿐이지요. 내게 하나님이 주신 사명을 충성되게 감당하는 것뿐이지요. 그런데 아직도 생명을 건 충성은 못 하고 있지요." 이 짧은 기사는 많은 성도들의 마음을 울렸습니다.

주님을 따르는 사람은 행동하는 사람입니다. 우리 교회에서도 제일 열심히 예배드리고 기도하시는 분들은 바로 연세 많으신 사라회 할머님들입니다. 새벽기도와 24시간 중보기도를 하기 위해 거의 매일 교회에 나오십니다. 또한 전도도 열심히 하십니다. 거동이 불편한 가운데도 젊은 사람들이 부끄러울 정도로 열심을 내시는 행동하는 신앙인들입니다.

우리도 주님이 부르실 때 모든 것을 버리고 즉시 주님을 따랐던 행동하는 신앙인 세리 레위를 본받읍시다. 예배드리는 일과 기도하는 일, 그리고 전도하는 일에도 열심을 내어 행동하는 신앙인의 삶을 삽시다.

3. 주님의 부르심을 받은 레위는 주님을 위하여 잔치를 베풀었습니다

"레위가 예수를 위하여 자기 집에서 큰 잔치를 하니 세리와 다른 사람이 많이 함께 앉았는지라"(29)

레위가 잔치를 베푼 것은 예수님을 만난 기쁨이 있었기 때문입니다. 죄인이 예수님의 사랑으로 용서받은 감격이 있었기 때문에 베푼 잔치였습니다. 무가치한 존재가 쓸모 있는 존재로 인정받아 제자가 된 데 대한 감격으로 베푼 잔치입니다. 레위의 직업은 세리였습니다. 그런데 유대인들은 동족에게서 세금을 거두어 원수의 나라인 로마에 바치는 세리야말로 매국노 중의 매국노로 인정했습니다. 그래서 세리들에게는 친구가 없었을 뿐 아니라 누구라도 침을 뱉을 수도 있었습니다. 세리들은 돈은 많았지만 한 없이 고독했습니다. 찾아오는 사람도 없었고 찾아갈 사람도 없었습니다. 기껏 찾아온다면 세금을 감면해 달라고 하소연하는 사람들뿐이었을 것입니다.

그런데 예수님이 모든 사람들로부터 인정받지 못하고 외면당하던 세리 레위를 찾아오신 것은 놀라운 사건이 아닐 수 없습니다. 예수님은 레위의 마음을 이미 다 읽으셨습니다. 물론 레위 역시 예수님을 알고 있었을 것입니다. 나사렛에서 예수란 선생이 이사를 왔는데 그가 특별하여 많은 능력과 기사를 행한다는 소식을 들었을 것입니다. 얼마 전 한 동네에 살던 어부 시몬이 그의 제자가 되었다는 것과, 그가 깊은 바다에 그물을 내려서 엄청난 물고기를 잡은 사실도 들었을 것입니다. 그리고 그의 동생 안드레와 동업자인 야고보와 요한까지 그의 제자가 된 것도 알았을 것입니다. 그뿐 아니라 한 동네에 사는 문둥병자가 예수님에게 고침을 받은 것과, 지붕에서 달아 내려진 중풍병자가 나았다는 소식도 들었을 것입니다. 그런데 그 예수님께서 몸소 자신을 찾아올 줄은 꿈에도 몰랐던 것입니다. 레위는 예수님에 대해서도 기대를 가질 수 없었을 것입니다.

그런데 그 분이 찾아오신 것입니다. 자신이 찾아간 것도 아니고, 그 분이 몸소 찾아오신 것입니다. 참으로 놀라운 일입니다. 예수님은 자신을 찾아오셨을 뿐 아니라 제자로 삼으신 것입니다. 이것은 엄청난 일이 아닐 수 없었습니다. 아무도 맞서서 상대조차 하지 않으려는 자신을 찾아와 제자로 삼으려고 하신 예수님께서 레위를 감격하게 하셨습니다. 이런 감격은 난생 처음이었습니다. 레위는 지금까지 사람 취급을 받지 못하던 자신에게 특별히 대우하셔서 제자가 되게 하신 예수님께 감사했습니다. 아마 '내가 이 분을 위해 할 수 있는 일이 무엇일까?' 하고 곰곰이 생각한 끝에 잔치를 베풀기로 결심했을 것입니다.

그 잔치는 예수님을 위한 잔치였습니다. 그리고 그는 이 소식을 사람들에게 알리고 싶어 기쁨으로 베풀었습니다. 유대 사회의 모퉁이에 버려졌던 한 인생에게 구원의 빛이 비추어진 감격으로 베푼 잔치였습니다. 우리 영혼에도 이런 감격적인 잔치가 베풀어져야 합니다. 레위는 예수님을 자신의 집에 모신 것에 감격하여 잔치를 베풀었습니다.

우리도 주께서 우리를 찾아오시고, 우리에게 베푸신 은혜에 감사하여 잔치하는 믿음을 가져야 합니다. 성도들 중에는 심방이나 특별행사가 있을 때면, 자진해서 집을 개방하여 주의 종들과 성도들을 청하여 예배드리며 베푸는 것을 좋아하는 성도들이 있습니다. 목사님을 청하여 예배드리는 것 자체가 기쁜 일입니다. 성도들이 모여 찬양하며, 교제하며, 대접한다는 것 또한 즐거운 일입니다. 참으로 아름답고 축복받을 자세입니다.

제가 잘 아는 성도 중에 교회에서 대심방을 할 때면 늘 자원하여 자기 집을 개방하는 성도가 있었습니다. 더 넓은 집도 있고, 더 풍요롭게 사는 가정도 있었지만 기어코 자기 집에서 하기를 원했습니다. 그래서 여러 해 동안 그 집에서 예배를 드렸는데 하나님은 그 가정에 넘치도록 축복하셨습니다. 조그만 전세에서 넓은 아파트로 이사하게 하신 것 외에도 많은 것으로 축복해 주셨습니다. 지금은 93평 아파트에서 살고 있습니다. 그리고 어머니는 권사, 아들은 장립집사, 며느리는 집사, 사위는 목사가 되었습니다.

우리도 잔치하는 신앙으로 살아야 합니다. 예수님을 만난 사람은 이런 잔치를 베풀 수 있습니다. 기독교의 예배는 기쁨으로 여는 잔치입니다. 어떤 분이 "유교는 제사집 같고, 불교는 상가 같고, 기독교는 잔칫집 같다"고 말했습니다. 아닌게 아니라 기독교 신앙은 잔칫집 신앙입니다. 늘 모여 찬송하며 기뻐합니다. 잔칫집에 갈 때는 누구나 가장 좋은 옷을 입고, 가장 밝은 모습으로 참석하여 먹고 마시며 즐깁니다. 언제나 잔칫상에 둘러앉아 있을 때처럼 살 수 있다면 부러울 것이 없을 것입니다. 하비 콕스라는 신학자는 기독교 예배를 축제라고 했습니다. C.S 루이스는 "그리스도인의 삶은 잔치와 함께 시작되는 것이다"라고 말하였습니다. 예수님의 공생애는 갈릴리 가나의 혼인잔치에서부터 시작되었습니다. 예수님은 제자들과 이별을 할 때도 최후의 만찬을 베푸셨습니다. 예수님이 재림하시면 성도들이 주님을 만날 때에도 어린 양의 혼인잔치에 참여하게 될 것입니다.

그리스도인의 삶은 한 마디로 축제와 같습니다. 그 축제에 참여하는데 다른 조건은 없습니다. 구원받은 기쁨, 예수님을 만난 기쁨이 있으면 족합니다. 예배란 부활의 생명을 가진 사람들의 축제입니다. 예배는 축제이자 잔치입니다. 레위는 예수님을 만난 기쁨으로 잔치를 베풀었습니다. 그런데 레위의 집에서 예수님을 위한 기쁨과 다짐의 잔치가 열리고 있을 때, 또 하나의 잔치가 열렸습니다. 그 잔치는 지상이 아닌 하늘에서 열렸습니다. 그 잔치를 베푸신 분은 하나님이십니다. 하나님께서도 잔치를 베풀 만큼 기쁘셨던 것입니다. 하나님의 기쁨은 잃었던 양을 찾은 기쁨입니다. 잔칫집 손님보다 더 행복한 사람은 그 잔치를 베푼 주인입니다. 신랑보다 신랑의 아버지가 더 기뻐합니다. 어느 아버지는 '신랑 입장' 이란 소리와 함께 아들이 늠름하게 식장으로 걸어 들어오는 것을 보며 싱글벙글했습니다. 그 아버지는 한 끼쯤 굶어도 배고픈 줄 모를 것입니다. 잔치에 참여한 사람보다 잔치를 베푸는 사람이 훨씬 더 행복한 법입니다. 잔치를 베풀 만한 이유를 알고 있기 때문입니다. 우리의 하늘 아버지께서도 우리 한 사람 한 사람이 예수를 믿게 되었을 때도 한 없이 기뻐하셨을 것입니다. 성경은 말씀합니다. "내가 너희에게 이르노니 이와 같이 죄인 하나가 회개하면 하늘에서는 회개할 것 없는 의인 아흔 아홉을 인하여 기뻐하는 것보다 더하리라"(15:7)

우리가 예수를 믿어 구원받게 되었을 때에도 하나님은 그렇게 기뻐하셨습니다. 하나님께서는 한 죄인이 회개하고 돌아오는 것보다 더 큰 기쁨은 없습니다. 누가복음 15장에 나오는 세 가지 비유는 잃었다가 다시 찾은 기쁨으로 잔치하는 내용입니다. 잃었던 양, 잃었던 드라크마, 잃었던 아들을 다시 찾았기 때문에 기뻐서 베푼 잔치입니다. 세리 레위는 잃었던 양과 같은 존재였습니다. 그는 잃어버렸던 드라크마와 같았고, 집을 나간 탕자와도 같았습니다. 그는 세리로 살면서 혼자만 잘 살기 위하여 온갖 죄악을 범했습니다. 동족에게서 세금을 거두어 로마에 바침으로써 민족을 배반했습니다. 한 푼이라도 더 거두기 위해 속임수를 쓰기도 하고, 때로는 강압하여 힘이 없는 사람들에게서 강탈하기도 했을 것입니다. 그는 하나님의 품을 떠난 지 오래였습니다. 그랬던 그가 예수님을 만난 후 인생이 변화되어 세리직을 청산하고 예수님의 제자가 된 것입니다. 그래서 하나님은 기쁨을 감추지 못해 하늘나라에 잔치를 베푸신 것입니다. 하나님은 잃었던 레위를 다시 찾으셨기 때문에 더 없이 기쁘셨습니다.

하늘나라의 잔치는 레위가 예수님을 만났을 때도 베푸셨고, 우리가 예수님을 영접하여 하나님의 자녀가 되었을 때에도 베푸셨습니다. 그리고 이제 우리가 한 영혼을 주님 앞으로 초청하여 데리고 나올 때에도 베푸실 것입니다. 하늘나라에서는 지금도 잔치할 준비가 되어 있습니다. 이제 우리는 하늘나라에서 이런 잔치가 끊임없이 열리도록 노력해야 합니다. 우리는 복음을 전해야 합니다. 한 사람이라도 더 그리스도께로 인도하도록 힘써야 합니다. 그러면 그때마다 하늘나라에서는 잔치가 베풀어질 것입니다. 우리는 하나님께 가장 큰 기쁨을 드리는 사람이 될 것입니다. 그 기쁨은 무엇과도 비교할 수 없는 최고의 기쁨이 될 것입니다.

우리 교회도 영혼 구원으로 인한 잔치를 베풀어야 합니다. 우리 교회의 목표는 '비전 2200' 입니다. 이제 우리 교회가 이 일을 위해 매진해야 합니다. 이번 가을에는 잃은 양을 찾아 잔치를 베풀어야 합니다. 우리 모두가 하나님의 잔치에 참여해야 합니다. 이전에 전도축제에 초청했던 사람들, 이웃의 낙심한 형제와 사매들, 다시 신앙생활을 하고 싶어 하는 이웃과 가족, 그리고 올해 안으로 꼭 주님께로 인도하고 싶은 전도 대상자들을 초청해야 합니다. 이 일은 우리 주님이 원하시는 일이기 때문입니다. 우리 교회에서 영혼 잔치를 하면 천국에서는 더 큰 잔치가 베풀어질 것입니다. 우리는 다른 사람의 잔치에 참여하는 사람이 되지 말고, 우리 자신이 잔치를 베푸는 사람이 되어야 합니다. 그럴 때 우리는 행복한 성도가 될 것입니다. 잔치를 베푸는 사람은 행복한 사람입니다. 레위처럼 예수님을 만나 구원받고, 예수님 안에서 문제를 해결해야 합니다. 날마다 우리 가정과 직장에서 우리 속에 예수님을 모시고 잔치를 베풀어야 합니다. 우리는 영혼을 구원하는 일을 통해 우리의 가정과 구역과 교회에 잔치가 계속 되도록 행동하는 신앙인이 되어야 합니다.

　세계에서 가장 유명한 바이올린은 '스트라디바리 바이올린'이라고 합니다. 그 값이 수억대를 호가하는 명기입니다. 그런데 이 악기가 최초로 연주된 것은 만들어진 지 147년 만이었습니다. 악기가 아주 귀한 것이라 그동안 악기 수집가가 자기 집 창고에 보관하고 있었기 때문입니다. 그 악기를 통해서 음악이 연주되었더라면 훌륭한 연주가가 탄생하고 놀라운 음악의 세계가 확장되었을 것입니다. 그런데 그것이 창고에 그토록 오랜 기간 묻혀 있었다는 것은 참으로 안타까운 일입니다.

　보배 중의 보배인 복음을 우리에게 주셨습니다. 그런데 이것을 가슴에 묻어두고만 있으면 안 됩니다. 열심히 전하고 증거해서 영혼을 구원하고, 인간을 거듭나게 하고, 천국을 확장해 나가야 합니다. 하루에 세상을 떠나는 사람이 11만 명이고, 한 해에 무려 4천만 명이 세상을 떠난다고 합니다. 그 중 2/3가 복음을 듣지 못하고 죽어간다고 합니다. 우리는 영혼을 구원하여 매일 잔치를 베푸는 행동하는 신앙인이 되어야 합니다. 주님은 차별 없는 부르심으로 세리 레위를 부르셨습니다. 그때 레위는 주님의 부르심에 결단하고 따랐습니다. 우리도 영혼 구원으로 인한 잔치를 베풀어야 합니다. 우리 모두 세리 레위처럼 행동하는 신앙인으로 살아갑시다. 아멘.

³⁵또 이튿날 요한이 자기 제자 중 두 사람과 함께 섰다가 ³⁶예수의 다니심을 보고 말하되 보라 하나님의 어린양이로다 ³⁷두 제자가 그의 말을 듣고 예수를 좇거늘 ³⁸예수께서 돌이켜 그 좇는 것을 보시고 물어 가라사대 무엇을 구하느냐 가로되 랍비여 어디 계시오니이까 하니(랍비는 번역하면 선생이라) ³⁹예수께서 가라사대 와 보라 그러므로 저희가 가서 계신 데를 보고 그 날 함께 거하니 때가 제 십시쯤 되었더라 ⁴⁰요한의 말을 듣고 예수를 좇는 두 사람 중에 하나는 시몬 베드로의 형제 안드레라 ⁴¹그가 먼저 자기의 형제 시몬을 찾아 말하되 우리가 메시아를 만났다 하고(메시아는 번역하면 그리스도라) ⁴²데리고 예수께로 오니 예수께서 보시고 가라사대 네가 요한의 아들 시몬이니 장차 게바라 하리라 하시니라(게바는 번역하면 베드로라)

(요한복음 1:35-42)

09

행동하는 신앙인 – **안드레**

　예수님의 열두 제자 중의 한 사람인 안드레에 대해 우리는 그다지 많은 지식이 없습니다. 그것은 성경이 그에 관한 기록을 많이 남기고 있지 않기 때문입니다. 우리가 그에 대해 아는 것이라면 그가 갈릴리 지방 사람으로 베드로의 형제라는 것과, 그의 직업이 어부였다가 예수님의 부르심으로 제자가 되었다는 것이 전부입니다. 그는 분명히 성경역사에 있어 획을 그을 만한 위대한 인물이었다거나, 뚜렷한 어떤 업적을 남긴 사람은 아닙니다. 인간적으로도 뚜렷한 특징이 없는 그저 평범한 인물에 지나지 않습니다. 그러나 이 평범하고 특징이 없는 안드레가 2000년 교회사에 없어서는 안 될 인물이 되었습니다. 그는 믿고 있는 그대로 행동하는 신앙인이었습니다. 화려하게 앞에 나서지 않으면서도 조용히 믿음으로 행동하는 신앙인이었습니다. 우리가 사는 이 시대에도 안드레처럼 행동하는 신앙인이 필요합니다.

오늘은 행동하는 신앙인 안드레에 대해 생각하면서 함께 은혜를 받고자 합니다.

1. 즉시 그리스도를 좇았습니다

안드레는 그의 형제 베드로와 함께 갈릴리 어부였습니다. 그는 육체적으로 몹시 고달픈 어부였지만 조용하면서도 꾸준히 진리를 탐구하는 구도자이기도 했습니다. 그의 생활은 피곤했지만 진리를 찾는 일에는 누구보다도 열심이었습니다. 당시 광야에 혜성처럼 나타나서 회개를 외치며, 잠자는 이스라엘 민중의 혼을 깨우던 세례 요한을 찾아가서 그의 제자가 되었습니다.

그러던 어느 날, 세례 요한이 예수님을 보고 "보라 하나님의 어린 양이로다"(36)라고 외치는 소리를 듣게 되었습니다. '하나님의 어린 양'(the lamb of God, NIV)은 '세상 죄를 지고 가는 분'과 동격으로 표현되어 있습니다. 구약시대는 죄를 지은 사람이 어린 양을 제사장에게 끌고 가서 그 양에게 모든 죄를 덮어씌운 뒤에, 잡아서 희생제물로 바쳤습니다. 그러면 그 어린 양으로 인해 죄를 지은 사람은 모든 죄를 용서받을 수 있었습니다. 예수님을 '하나님의 어린 양'으로 표현한 것은, 그리스도께서 이 세상에 '고난 받는 종'으로 오신 메시아이심을 뜻합니다(사 53:7). 즉 예수님은 모든 인생의 죄를 다 용서해 주시고 구원해 주실 메시아, 우리를 죄에서 구원해 주실 구세주임을 뜻합니다. 구약시대에 어린 양을 잡아 하나님께 제사를 드릴 때 그 사람의 죄가 용서되었습니다. 마찬가지로 예수님은 아담 이후 인류의 모든 죄를 대속하러 오신 어린 양이 되셨습니다. 우리 주님은 이사야의 예언대로 십자가에서 고난을 받으며, 보혈의 피를 흘려주심으로써 우리의 죄를 대속해 주셨습니다. 이 어린 양 예수님은 우리 하나님이 친히 준비해 주셨습니다. 그러나 구약의 어린 양은 죄를 지은 사람이 죄를 지을 때마다 준비해야 했습니다. 이처럼 사람이 지은 모든 죄를 용서받으려면 수많은 어린 양들이 필요했습니다. 그러므로 구약의 제사는 불완전한 제사입니다.

그러나 어린 양이신 예수님은 하나님이 준비하신 제물이었기에 인간의 모든 죄를 완전하게 사하실 수 있는 능력이 있습니다. 2천 년 전에 흘리신 십자가의 보혈은 그때 뿐 아니라, 오늘날 우리의 죄와 오고 가는 세대의 모든 사람들의 죄까지도 대속하기에 충분한 제물이 되십니다. 주님은 이런 놀라운 은혜를 우리에게 주시기 위해 이 세상에 오셨습니다. 세례 요한은 이런 주님께서 자기에게 세례를 받으러 오시는 것을 보고 감격하며 고백했습니다. "보라 세상 죄를 지고 가는 하나님의 어린 양이로다"(29) 안드레는 예수님이 세상 죄를 지고 가는 하나님의 어린 양이요, 우리의 구속자가 되신다는 말을 듣고 곧 바로 예수님을 좇았습니다. 참 진리에 목말라 하던 안드레는 스승인 세례 요한의 소개로 진리이신 예수님을 찾아갔습니다.

"두 제자가 그의 말을 듣고 예수를 좇거늘"(37) '듣고'(에쿠산, ηκουσαν)는 신약성경에서 예수 그리스도의 말씀을 듣는다는 뜻으로 쓰였습니다(막 4:24; 요일 1:1). 그리고 안드레는 말씀을 듣고 곧 순종했습니다. '좇거늘'(에콜루데산, ήκολούθησαν)은 원래 지적·종교적·도덕적인 입장을 받아들이고 추종한다는 의미로 사용되었는데, 신약성경에서는 주로 그리스도의 제자가 된다는 뜻으로 사용되었습니다(43; 마 8:19; 19:27-28; 막 6:1; 8:34 등). 그리스도를 '좇음'은 그리스도를 향한 전적인 헌신을 동반합니다. 이제 예수님과 운명을 같이 하기 위해 결단을 했다는 말입니다. 그 중 한 사람이 바로 안드레였습니다. "요한의 말을 듣고 예수를 좇는 두 사람 중에 하나는 시몬 베드로의 형제 안드레라"(40) 예수님을 만나 그의 인격에 접하자마자 안드레에게 큰 변화가 일기 시작하였습니다. 그의 삶이 방향이 바뀐 것입니다. 그가 그렇게 애타게 목말라 하던 진리를 스승인 예수 그리스도를 통해서 발견하게 된 것입니다. 예수님만이 유일한 길이십니다. 옛날이나 지금이나 많은 사람들은 진리를 찾아 헤맵니다. 그러다 보니 잘못된 진리에 빠지는 경우도 있고, 그 결과 엄청난 비극을 초래하기도 합니다.

제2차 세계대전 당시 많은 연합군들이 중동 사막에서 목숨을 잃었습니다. 그들은 사막에서 길을 잃고 방황하다가 뜨거운 태양 아래서 타는 목마름으로 신기루를 보았습니다. 그러자 물이 없어도 물이 흐르는 소리가 들리고, 출렁이는 호수도 보았습니다. 군인들은 그것이 진짜 물인 줄 알고 마셨습니다. 그러나 그들은 물이 아닌 뜨거운 모래를 잔뜩 먹고 기도가 막혀 죽은 것입니다. 나중에 그들을 찾아온 후속 부대가 보니, 그들의 입 안에 모래를 가득 넣은 채 죽어 있었습니다. 이처럼 길을 잃으면 자칫 목숨을 잃을 수도 있습니다.

우리를 진리로 인도하는 길은 오직 하나입니다. 우리를 영원한 생명, 영원한 천국으로 인도하는 길은 오직 하나밖에 없습니다. 바로 그 길은 길이요, 진리요, 생명이신 예수 그리스도이십니다. 하나님의 어린 양으로 이 땅에 오시어 십자가에서 죽으시고 부활하신 예수 그리스도뿐입니다. 우리 인간은 에덴동산에서 쫓겨난 이후 길 잃은 존재가 되었습니다. 그런데 오늘날 자칭 그리스도라 하는 사람들이 많습니다. 그리고 이 거짓된 길을 찾아가는 사람들도 많습니다. 우리나라에도 자칭 '길'이라고 하는 사람들이 많습니다. 지금까지 우리나라에서 밝혀진 신흥종교는 500여 개이며, 이에 소속되어 있는 신도들은 200만 명에 이르고 있습니다. 이단 교주들은 거의 모두가 자신을 신격화 내지는 우상화합니다. 이것이 이단들의 공통점입니다. 한 조사에 따르면, 우리나라에서 자칭 하나님이라고 주장하는 사람이 20여 명, 재림주라고 하는 사람도 50여 명이나 된다고 합니다. 이 외에도 자신을 보혜사 성령, 엘리야, 다윗이라고 주장하는 사람들도 있습니다. 그들은 모두 자신이 구원으로 가는 길의 안내자, 혹은 길 자체라고 말합니다. 그러나 실상은 그 사람들 자체가 길을 잃고 방황하는 불쌍한 존재에 불과합니다. 그리고 이단의 특징은 기성 교인들, 즉 이미 교회에 잘 다니고 있는 성도들을 유혹하여 자기네 교회로 데려가는 것입니다. 그리고 그들은 자기네 교회만이 참 교회이고, 자기네들이 하는 성경공부만이 참 진리라고 말합니다. 여기에 많은 사람들이 미혹되어 넘어갑니다. 이미 가진 진리를 놓쳐버리는 것입니다.

길은 오직 하나밖에 없습니다. 하나님의 어린 양으로 오신 주 예수님만이 우리의 길이십니다. 안드레는 예수님을 만난 즉시 따라나섰습니다. 그는 예수님께 자신의 인생을 송두리째 바치게 되었습니다. 세례 요한의 제자였던 안드레가 세례 요한으로부터 예수에 대한 증거를 들은 즉시 예수를 좇은 것으로 보아, 예수에 대한 열망과 결단력이 강한 사람이었음을 알 수 있습니다(35-40). 안드레는 주님의 부르심을 받은 즉시 자신의 모든 소유를 버리고 주를 좇았습니다. 성경은 말씀합니다. "나를 따라 오너라 내가 너희로 사람을 낚는 어부가 되게 하리라 하시니 저희가 곧 그물을 버려두고 예수를 좇으니라"(마 4:19-20)

우리도 안드레처럼 오직 예수님만 따라야 합니다. 오늘날 그리스도의 복음을 듣고도 세상에 대한 미련을 버리지 못하는 성도들이 많습니다. 우리도 안드레처럼 내가 소중하게 생각하는 것들이 주님을 따르는데 방해가 된다면, 언제라도 과감하게 버릴 수 있는 결단력을 가져야 합니다(막 10:29-31). 우리는 세상 죄를 지고 가는 어린 양, 우리를 죄악에서 구원하신 주 예수님을 만나야 합니다. 길이요, 진리요, 생명이신 예수 그리스도를 좇아야 합니다. 우리의 삶의 우선순위는 예수 그리스도를 좇는 것입니다. 주님을 만나고, 주님을 위해 일하는 것입니다. 주님의 몸 된 교회를 위하여 헌신하는 것입니다. 그리고 우리를 만나주시기로 약속하신 공식적인 자리인 예배에 열심히 참석하는 일입니다. 우리도 안드레처럼 우리를 죄악에서 구원하신 하나님의 어린 양이신 주 예수 그리스도를 좇아가는 행동하는 신앙인이 됩시다.

2. 즉시 형제를 주님께로 인도했습니다

예수님을 만난 안드레는 복음을 전하기 위해 즉각 움직였습니다. 예수님을 영접하자마자 복음 전하는 일을 실천했습니다. 그는 제일 먼저 자기의 형제 시몬을 찾아가 전도했습니다. 안드레는 실천하고 행동하는 인물이었습니다. 우리가 이론과 사변적인 인물이 되는 것도 중요하지만 실천하고 행동하는 인물이 되는 것도 매우 중요합니다. 전도는 탁상공론을 하는 것이 아니라 현장에 나가 전하는 것입니다. 안드레는 예수님을 구체적으로 믿고 따른 후에는 지체하지 않고 전도했습니다. 안드레는 우리에게 전도에 관한 몇 가지를 가르쳐 줍니다.

1) 즉석에서 형제 시몬을 찾아가 전도했습니다

전도는 믿음이 성장한 사람만 하는 것이 아닙니다. 전도는 누구라도 언제라도 하는 것입니다. 전도는 때와 장소에 무관하게 믿음을 가진 후부터 곧바로 하는 것입니다. 성경은 말씀합니다. "너는 말씀을 전파하라 때를 얻든지 못 얻든지 항상 힘쓰라"(딤후 4:2)

구원의 확신이 있고 타인의 영혼을 불쌍히 여기는 마음이 있다면, 우리는 지체 없이 전도해야 합니다.

2) 전도 대상자를 정하는 것이 중요합니다

안드레는 제일 먼저 자기의 형을 생각했습니다. 우리가 전도하고자 할 때 그 목표물이 정확하지 않으면 맞추기가 쉽지 않습니다. 그리고 그 목표물은 가까울수록 맞추기가 쉽습니다. 그 목표물로부터 제일 가까운 사람, 그 목표물에 대해 가장 잘 아는 사람, 그 목표물에 대한 정보를 가장 많이 가지고 있는 사람이 전도해야 합니다. "오직 성령이 너희에게 임하시면 너희가 권능을 받고 예루살렘과 온 유대와 사마리아와 땅 끝까지 이르러 내 증인이 되리라"(행 1:8) 전도의 범위가 가장 가까운 곳 예루살렘에서 시작하여 가장 먼 곳 땅 끝까지 확대됩니다. 안드레는 가까운 곳에 있는 사람, 곧 자신의 형제인 베드로에게 먼저 전도했습니다. 베드로가 자신의 형제였던 만큼, 그는 전도 대상자에 대한 많은 정보가 있었기 때문에 쉽게 전도할 수 있었을 것입니다. 이처럼 우리도 전도의 대상이 결정되면 그 사람에 대해 신상을 잘 파악하고 있어야 합니다. 그러다가 기회가 되면 적극적으로 찾아가 전도해야 합니다.

3) 복음을 바로 전했습니다

"그가 먼저 자기의 형제 시몬을 찾아 말하되 우리가 메시아를 만났다 하고(메시아는 번역하면 그리스도라)"(41)

안드레는 베드로를 만나자마자 다른 말은 하지 않고 오직 예수님만 증거했습니다. '메시아를 만났다'는 말만 했습니다. 바울 사도는 고린도전서 2상 1-2절에서 이렇게 말했습니다. "형제들아 내가 너희에게 나아가 하나님의 증거를 전할 때에 말과 지혜의 아름다운 것으로 아니하였나니 내가 너희 중에서 예수 그리스도와 그의 십자가에 못 박히신 것 외에는 아무것도 알지 아니하기로 작정하였음이라" 우리는 내가 만난 예수님만 전하면 됩니다. 가장 중요한 것은 예수님을 전하는 일입니다. 예수님을 통하여 받은 은혜만 전하면 됩니다.

4) 베드로를 예수님께로 데리고 왔습니다

"데리고 예수께로 오니 예수께서 보시고 가라사대 네가 요한의 아들 시몬이니 장차 게바라 하리라 하시니라(게바는 번역하면 베드로라)"(42)

베드로의 본래 이름은 시몬입니다. 예수께서 시몬을 만난 후 처음으로 하신 말씀이 '장차 게바라 하리라' 란 말씀입니다. 아람어의 '게바'와 헬라어의 '베드로' 는 같은 의미이며, 그 뜻은 '반석' 입니다. '반석' 이라고 하면 안정감이 느껴집니다. 그런데 이 이름은 시몬이란 현재의 모습과는 어울리지 않습니다. 시몬은 주님을 위해서 충성하겠다고 굳은 의지를 보이다가도 사태가 불리해지면 즉시 변하는 사람, 환경과 여건에 따라 얼마든지 변할 수 있는 마치 우리와 같은 사람입니다. 그러나 주님은 시몬의 현재 모습이 아니라 그의 미래를 내다보셨습니다. '장차 게바라 하리라' 고 말씀하신 것은 베드로의 인생이 달라질 것을 미리 내다보고 하신 말씀입니다.

우리가 예수를 믿고 신앙생활을 한다고 해서 한 순간에 성자가 되는 것이 아닙니다. 하나님의 자녀가 되고, 직분자가 되어도, 여전히 옛 성품은 남아 있다는 사실입니다. 여전히 연약하여 실수하고 범죄할 수 있습니다. 때때로 우리는 갈등도 하고 죄의식에 사로잡힐 때가 있습니다. 우리가 원하는 것처럼 성숙한 사람이 되지 못하고, 능력 있는 삶을 살지도 못하고, 승리의 삶을 살지도 못할 때가 있습니다. 그럴 때 우리는 실망도 하고 갈등도 하게 됩니다. 그러나 우리가 기억할 것은 이 모든 일이 순간에 이루어지지 않는다는 것입니다. 그러나 주님은 우리를 점점 더 새롭게 변화시키시고, 점점 더 성숙하게 하셔서 주님을 닮은 온전한 모습으로 바꾸어 나가실 것입니다. 우리도 가능성이 있습니다. 주님이 우리를 사용하시면 시몬이 베드로가 되듯이 우리도 하나님을 위하여 귀하게 쓰임 받는 일꾼이 될 수 있습니다.

나치 독일 시절에 유명한 심리학자 빅터 프랭클(Victor Frankle)은 감옥 안에 있는 동료들이 삶을 포기하고 죽어가는 광경을 보면서, "친구 여러분, 저 조그마한 창이 보이지 않습니까?" 하고 물었습니다. 그 때 한 죄수가 신경질적으로 대답하기를 "봐야 회색 담벼락밖에 없잖소." "아니, 그 회색 담벼락 저 건너편에 있는 푸른 하늘을 보십시오. 밤에도 빛나는 별들을 바라보십시다." 회색 담벼락은 내일이 보이지 않는 자신의 모습, 우리의 가정과 사회, 일터일 수도 있습니다. 현실은 불안하고 힘에 겹습니다. 우리에게 닥치는 환난과 고통은 분명 어렵고 힘이 듭니다. 이럴 때일수록 내게 가까이 다가오셔서 나를 붙드시는 주님, 현실 건너편에 나를 위해 준비되어 있는 미래를 보는 눈이 우리에게 필요합니다. 안드레는 행동하는 전도자였습니다. 다른 사람을 그리스도께 인도하는 전도자였습니다. 안드레는 자기 형제 시몬을 예수님께로 인도하여 위대한 사도로 만들었습니다. 예수님을 만나 삶의 방향이 바뀌고 진리의 사람이 된 안드레는, 이 감격과 기쁨을 혼자만 간식할 수가 없었습니다. 안드레는 먼저 자기의 형제 시몬을 찾아가 말하기를 "메시아를 만났다"(41)고 전파하였습니다. 사실 안드레는 그의 형인 베드로처럼 설교를 통해 한 번에 3천 명씩 회개시키는 대전도자는 아니었습니다. 그는 늘 개개인을 만나 그리스도를 증거하여 주님께로 인도했습니다. 이제 우리도 내가 가르치는 학생 한 명, 내가 전도하는 한 영혼, 내가 접하는 한 사람을 귀히 여겨야 합니다. 그리고 그 사람의 무한한 가능성을 보면서 복음을 전해야 하겠습니다(마 13:23).

교회성장 연구의 세계적인 권위자 피터 와그너 박사가 미국에서 5천-1만 명 이상 출석하는 교회를 살펴본 후 얻은 결론이 있습니다. 그것은 말씀이 살아 움직이는 교회와 성령의 능력이 차고 넘치는 교회, 그리고 전력을 기울여 선교하는 교회들이 성장하고 발전한다는 것입니다.

캐나다 토론토에 있는 피플스교회는 수만 명이 모이는 교회인데, 그 교회의 현관으로 들어서면 현관 바닥 중앙에 '제일 먼저 세계 선교'(World mission first)라는 문구가 새겨져 있다고 합니다. 그 교회는 세계 선교를 교회의 제일 과업으로 삼고 있는 교회입니다. 하나님께서 보시기에 아름다운 교회는 하나님의 성전을 가득 채우는 교회입니다. 안드레는 그의 형제 베드로에게 말씀을 전할 뿐 아니라, 예수님 앞으로 직접 데리고 와서 믿음을 갖게 했던 전도의 일꾼이었습니다.

우리도 안드레가 보여준 전도자의 모습처럼 때를 얻든지 못 얻든지, 시기에 상관없이 씨를 뿌리며 예수님을 증거해야 합니다. 우리가 만난 예수님을 죽어 가는 심령에게 전해야 합니다. 우리 모두 안드레처럼 지체하지 말고, 즉시 우리의 가족과 친구들과 이웃에게 전하기 위해 행동하는 성도가 됩시다.

3. 조용히 행동으로 주의 뜻을 실천했습니다

안드레는 자신이 전도한 형제 베드로가 부각될 동안, 늘 뒷전에서 조용하게 자신의 사명을 수행한 것으로 보아 매우 겸손하고 욕심이 없는 사람으로 보입니다(마 10:2; 17:1; 막 5:37; 14:33). 베드로는 예수님의 제자로서 중요한 역할을 했고, 안드레는 아무런 특권도 없이 뒷전에서 묵묵히 사명을 수행했음을 알 수 있습니다(마 17:1; 막 5:37). 이로 보아 안드레는 열두 사도로 선택된 것에 만족할 뿐, 핵심자가 되지 못한 것에 대해 결코 괴로워하지 않는 겸손하고 욕심이 없는 사람이었던 것으로 추정해 볼 수 있습니다.

요한복음 6장에는 유명한 오병이어 사건이 나옵니다. 보리떡 다섯 개와 물고기 두 마리로 남자 장정 5천 명과 여자와 어린아이들이 배불리 먹고도 남은 부스러기가 열두 광주리에 가득 차는 역사의 현장에 안드레가 있었습니다. 벳새다 들판에서 주님이 하나님의 말씀을 얼마나 진지하게 열정적으로 전파하셨는지 해가 지는 줄도 몰랐습니다. 많은 사람들이 굶주려 견디기 어려울 지경이었습니다. 그러나 그들은 가난하여 음식을 사 먹을 돈이 없었고, 사도들에게도 그런 능력이 없었습니다. 이때 주님은 '너희가 먹을 것을 주라'고 말씀하셨습니다. 예수님의 의도에 대한 빌립과 안드레의 반응은 너무나 달랐습니다. 빌립은 우리에게 200데나리온의 떡이 있어도 모자랄 것이라고 했는데, 이 말은 아주 계산적이고 합리적인 말입니다. 그러나 안드레는 한 어린아이를 데리고 나오는데, 그에게는 보리떡 다섯 개와 물고기 두 마리가 있었습니다. 그런데 이것이 많은 사람에게 무슨 소용이 있겠느냐고 물었습니다. 이것이 안드레의 성격입니다. 겨우 떡 다섯 개와 물고기 두 마리를 가지고 나와, 이것이 얼마나 되겠느냐고 묻는 소박하면서도 절망적이지 않은 말을 합니다. 이것이 그의 성격이자 믿음입니다. 빌립의 인간적 사고로 정확히 계산된 대답과는 달리, 믿음의 눈을 가진 안드레는 주님의 말씀을 듣자마자 행동했습니다. 결과 오 병이어가 있음을 예수님께 고함으로써 5천 명을 먹이고도 열두 광주리가 남는 이적을 체험할 수 있었던 것입니다(6:1-15). 이처럼 하나님의 역사는 인간적인 판단과 계산이 아닌 믿음을 가진 자들을 통해 일어납니다(마 9:28; 막 9:22-24). 이에 우리 성도들은 나의 생각으로 하나님의 뜻을 판단하지 말고, 안드레처럼 모든 것을 믿음의 눈으로 바라볼 수 있어야 하겠습니다.

우리는 여기서 중요한 사실을 발견하게 됩니다. 사실 제자들은 어린아이들이 예수님 곁에 있는 것을 보고 쫓았습니다. 이것은 주님이 '어린아이들의 내게 오는 것을 용납하고 금하지 말라' 고 말씀하신 것으로 미루어 짐작할 수 있습니다(눅 10:14). 그런 제자들 중에서 안드레는 어린아이를 주님께로 데리고 나왔습니다. 우리는 여기서 자기의 먹을 것을 주님께 바침으로 놀라운 기적을 이룬 어린아이의 믿음과, 그 어린아이를 주님께로 데리고 나와 바치게 한 안드레의 헌신을 기억해야 합니다. 주님과 교회를 위하여 자신을 숨기고 조용히 소리 없이 행동하는 신앙을 본받아야 합니다. 이런 봉사자들이 많을 때 하나님의 기적이 일어납니다.

서울 답십리에 있는 어느 교회의 장로님은 교회를 지어놓고 빚을 감당할 수 없어 서울대학병원에 눈을 팔러 갔다고 합니다. 병원 측에서는 부인의 동의서를 받아오라고 했습니다. 장로님이 부인에게 이 말을 하자, '내 눈을 빼야지 어찌 장로님의 눈이냐' 고 하더랍니다. 결국 장로님 내외가 한 쪽씩 빼기로 하고 병원으로 갔습니다. 이 말을 들은 담당의사가 자신도 신자이지만 이런 사람들이 어디 있느냐며 감격해

하더랍니다. 이 사실을 알게 된 서울대학병원 의사들이 헌금을 하고, 장로님 내외가 한 쪽씩 눈을 빼게 되어 그 교회는 다시 회생하게 되었다고 합니다. 우리가 하나님의 교회를 위해서라면 자신을 희생할 줄도 아는 마음 자세가 되어야 합니다.

오늘날 현대 교회는 주님을 위하여 희생하려는 사람이 적습니다. 피 흘려 세우신 교회를 위해서도 희생하려고 하지 않습니다. 우리는 안드레처럼 주님을 위해서라면 기쁨으로 손해도 감수하겠다는 자세를 가져야 합니다. 주님은 그것을 기뻐하십니다. 우리는 주님과 교회를 위하여 손해도 볼 줄 아는 자세를 가져야 합니다. 이런 신자들이 많은 교회는 부흥합니다. 영적인 성장이 계속됩니다. 우리가 하나님 앞에서 만큼은 따지거나 계산하지 말아야 합니다. 보리떡 다섯 개와 물고기 두 마리로 5천 명을 먹이시고, 우리의 죄 때문에 십자가에서 온갖 고난을 당하시며 생명까지 내어주신 주님 앞에서 우리가 어떻게 내 것이라고 선을 그을 수 있겠습니까? 우리가 진정 축복 받는 삶을 원한다면 나의 모든 것을 주님께 드리며 살아야 합니다. 그러면 주님의 모든 것이 곧 나의 것이 될 것입니다. 이것이 하나님의 축복을 받는 비결입니다.

금년에는 우리의 보는 것을 드림으로 주님을 위해 삽시다. 나의 물질, 시간, 생명도 주님이 원하시는 대로 쓰실 수 있도록 드려봅시다. 하나님의 놀라운 기적을 체험하게 될 것입니다. 주님께 바치면 바칠수록 풍성해지는 은혜를 맛보게 될 것입니다. 이러한 감격이 있는 생활이 믿음의 삶입니다. 우리도 세례 요한처럼 '주님은 흥해야 하겠고 나는 쇠하여야 하리라'는 믿음으로 삽시다. 그러면 하나님은 우리에게 더욱 더 풍성하게 채워주실 것입니다.

명절에 예배드리려고 예루살렘으로 올라온 헬라인들이 있었습니다 (12:20). 그런데 그들을 예수님께 데리고 와서 소개한 사람으로 안드레가 등장합니다. 이방인들이 예수님을 만나기를 원했습니다. 헬라인들이 먼저 빌립을 찾아서 예수님을 만나고 싶다고 했을 때 빌립은 당황했을 것입니다. 예수님께서 그런 틈을 내실 수 있을지 걱정이 되었을 것입니다. 또 예수님의 사역을 보면 유대인들에게 더 관심이 있는 것처럼 보였기 때문입니다. 빌립은 선임 제자인 베드로나 사랑받는 제자 요한을 찾지 않고 안드레를 찾았습니다. 안드레는 예수님께 대한 믿음이 누구보다도 철저했습니다. 그래서 예수님을 만나고 싶어 하는 사람들을 예수님께로 데리고 왔습니다. 안드레에게는 친절함과 자상함과 해결책이 있었습니다. 안드레는 그 이방인들을 주님께로 인도하였습니다. 행동하는 신앙인 안드레, 말 없이 조용히 하나님의 뜻을 이루어 가는 믿음의 사람 안드레의 행동하는 신앙을 우리도 본받아야 합니다. 그는 말 없이 그의 형제 베드로뿐 아니라 헬라인들도 주님 앞으로 인도했습니다.

스코틀랜드의 위대한 종교개혁자 존 낙스를 전도한 사람은 도미닉 수도회의 한 무명의 수도자였습니다. 우리는 그가 누군지 모릅니다. 위대한 설교자인 스펄전에게 예수님을 소개한 사람이 누구인지도 우리는 모릅니다. 우리는 베드로는 기억하지만 안드레는 잊어버립니다. 그러나 예수님은 안드레를 선택하셨습니다. 우리에게도 안드레와 같은 사람이 필요합니다. 이름도 없이 빛도 없이 묵묵히 자신의 일을 감당할 안드레와 같은 사람이 필요합니다. 우리 주님은 안드레처럼 다른 사람의 말을 끝까지 들어 주며, 모든 사람들에게 친절을 베풀 사람을 찾으십니다. '우리가 메시아를 만났다'고 말할 줄 아는 사람, 이웃에게 호의를 베풀며 따뜻한 위로의 말을 할 줄 아는 사람을 주님은 찾으십니다. 이런 사람들이 세상을 변화시킵니다. 무너진 하나님의 말씀의 권위를 회복시킵니다.

이런 글을 읽었습니다. 하늘나라의 보좌에 주님이 앉아계시고, 주님의 보좌 양편에는 천사들이 도열해 있었습니다. 그들의 이름은 우리엘 천사, 미가엘 천사, 라파엘 천사, 가브리엘 천사 등 위대한 천사들이었습니다. 보좌 앞에는 생명책을 든 천사가 서 있고, 그 곁에는 이제 하늘나라로 올라온 영혼이 있었습니다. "너는 세상에서 무엇을 하였느냐?" "저는 어두운 세상을 밝게 비추는 빛을 발명한 과학자였습니다." "그래, 너는 빛의 천사인 우리엘 곁에 서도록 하라." 또 한 사람의 영혼이 도착했습니다. "너는 세상에서 무엇을 하였느냐?" "사람들을 깨우치는 철학자였습니다." "이성의 천사인 라파엘 곁에 서도록 하라." 또 한 사람의 영혼이 도착했습니다. "너는 세상에서 무엇을 하였느냐?" "위대한 애국자로서 백성을 어려움에서 구하였습니다." "천사장 미가엘 곁에 서도록 하라." 또 한 사람의 영혼이 도착했습니다. "너는 세상에서 무엇을 하다가 왔느냐?" "아름다운 찬양으로 하나님의 영광을 찬양했습니다." "가브리엘 천사 곁에 서도록 하라." 맨 나중에 한 천사가 또 다른 한 영혼을 인도해 왔습니다. 이 영혼은 지금까지의 사람들과 달리 초라해 보였습니다. 천사에게 "이 사람은 세상에서 무엇을 하였느냐"고 물었습니다. 천사가 대답하기를 "이 사람은 평생 많은 사람들을 그리스도께로 인도한 전도자였습니다." 이때 하늘에서 아름다운 음악이 울리며 들끓는 환호성으로 그를 환영했다고 합니다. 천국은 구원받은 많은 성도들이 서로 화답하며 찬양하는 곳이며, 사망과 슬픔과 애통이 없는 곳이라고 성경은 말씀합니다. 이 아름다운 곳에서 가장 귀하게 여김을 받을 사람은, 바로 안드레처럼 다른 사람을 주님 앞으로 인도하는 사람이라는 것을 강조하는 예화입니다. 성경은 말씀합니다. "지혜 있는 자는 궁창의 빛과 같이 빛날 것이요 많은 사람을 옳은 데로 돌아오게 한 자는 별과 같이 영원토록 비취리라" (단 12:3)

유세비우스의 '교회사'를 보면, 안드레는 소아시아의 에베소를 중심으로 사역을 시작하였습니다. AD 260년에 기록된 책 가운데 안드레 개인의 삶에 대한 자서전과 같은 책이 있는데 그 책의 이름은 '안드레 행전'입니다. 그 책의 기록을 보면, 그가 소아시아를 중심으로 특별히 에베소에서 복음을 전했습니다. 그 후 러시아의 남부지방인 스키티아라는 지역에서 복음을 전하다가 돌에 맞아 죽을 뻔한 위기도 당하였습니다. 그는 러시아에서 헬라로 돌아와 아가야에 와서 페투테라는 곳에 머물게 되었습니다. 그는 거기서 에게테스라는 주지사를 만나 그의 동생과 부인에게 복음을 전하여 믿게 했습니다. 이것을 탐탁지 않게 여긴 주지사가 안드레를 죽이려 했습니다. 안드레는 처형당하기 위해 X자형의 십자가 앞에 섰습니다. -이것을 '안드레형 십자가'라고 합니다.- 이때 주지사가 "그대는 지금이라도 예수 믿는 신앙을 포기하고 그대의 목숨을 보존하라"고 말했습니다. 그러자 안드레가 이렇게 말했습니다. "지사님이여, 그대는 그대의 영혼을 잃지 마시오." 그는 숨을 거두며 이런 기도문을 남겼습니다. "오! 그리스도 예수님이여! 나를 받아 주소서! 내가 본 그분, 내가 사랑한 그분, 그분 안에서 나는 내가 되었나이다! 주님이시여! 당신의 영원한 나라의 평안 가운데 이제 나의 영혼을 받아 주옵소서!" 오랜 세월이 흐른 뒤에 그의 유골을 스코틀랜드로 옮기다가 배가 스코틀랜드 앞바다에서 좌초하게 되었는데, 그 만을 '안드레 만'이라고 불렀다고 합니다. 영국 국기인 유니언 잭이 처음으로 만들어졌을 때, 푸른색 바탕에 대각선으로 그린 하얀 십자가는 바로 '안드레 십자가'를 상징한다고 합니다. 그 후 X형 십자가를 '안드레 십자가'로 칭하게 되었으며, 교회 이름도 'St. Andrew's Church'란 이름을 오늘날까지 사용하는 교회도 많다고 합니다.

오늘날 한국 교회가 필요로 하는 인물은 삶의 현장에서 '우리가 메시아를 만났다'고 고백하는 안드레와 같은 사람입니다. 우리 교회가 필요로 하는 인물도 안드레처럼 조용하게, 그리고 친절하게 주님을 증거하는 행동하는 신앙인입니다. 안드레는 즉시 그리스도를 좇았습니다. 그리고 즉시 형제를 주님 앞으로 인도했습니다. 소리 없이 행동으로 주의 뜻을 실천했습니다.

우리 교회도 행동하는 신앙인 안드레가 많아지기를 바랍니다. 우리 모두 조용히 베드로를 주님 앞으로 인도한 안드레처럼 영혼들을 주님께로 인도합시다. 우리 모두 하나님 나라에서 해와 같이 빛나는 상급을 받는 행동하는 신앙인 안드레가 됩시다. 아멘.

⁸이러므로 내가 그리스도 안에서 많은 담력을 가지고 네게 마땅한 일로 명할 수 있으나 ⁹사랑을 인하여 도리어 간구하노니 나이 많은 나 바울은 지금 또 예수 그리스도를 위하여 갇힌 자 되어 ¹⁰갇힌 중에서 낳은 아들 오네시모를 위하여 네게 간구하노라 ¹¹저가 전에는 네게 무익하였으나 이제는 나와 네게 유익하므로 ¹²네게 저를 돌려보내노니 저는 내 심복이라 ¹³저를 내게 머물러 두어 내 복음을 위하여 갇힌 중에서 네 대신 나를 섬기게 하고자 하나 ¹⁴다만 네 승낙이 없이는 내가 아무것도 하기를 원치 아니하노니 이는 너의 선한 일이 억지 같이 되지 아니하고 자의로 되게 하려 함이로라

(빌레몬서 1:8-14)

10

행동하는 신앙인 – **오네시모**

사람은 살아가는 동안에 많은 변화를 갖게 됩니다. 세월이 지나서 보면 우리 자신이 많이 변해 있음을 발견하게 됩니다. 그런데 어떻게 변하느냐가 중요합니다. 나쁜 모습으로 변하는 사람도 있고 좋은 모습으로 변하는 사람도 있습니다. 다시 말하면 나쁜 사람으로 변하기도 하고, 좋은 사람으로 변하기도 합니다. 신앙적으로도 좋은 모습으로 변하는 사람이 있는 반면, 나쁜 방향으로 변하는 사람도 있습니다.

본문에 아주 특별한 인물이 나옵니다. 바로 오네시모입니다. 이 사

람은 변화된 사람입니다. 이 사람은 아주 훌륭하고 아름답게 좋은 모습으로 변했습니다. 그는 노예의 신분에서 도망을 친 사람이었지만, 나중에 사도 바울을 만남으로써 하나님의 사람으로 변했습니다. 그의 인생의 전반부는 비참하고 어려운 시절을 보냈지만, 후반부에는 아주 성공적인 삶을 살았습니다. 사도 바울은 그를 이렇게 묘사했습니다. "저가 전에는 네게 무익하였으나 이제는 나와 네게 유익하므로 네게 저를 돌려보내노니 저는 내 심복이라"(11-12)

오네시모는 성공적으로 변한 사람입니다. 우리도 오네시모처럼 좋은 모습으로 변해야 합니다.

1. 복음 안에서 믿음의 아들로 변했습니다

"사랑을 인하여 도리어 간구하노니 나이 많은 나 바울은 지금 또 예수 그리스도를 위하여 갇힌 자 되어 갇힌 중에서 낳은 아들 오네시모를 위하여 네게 간구하노라"(9-10)

도망자인 노예 오네시모는 사도 바울을 만난 후 복음으로 변했습니다. 그는 사도 바울이 믿음 안에서 낳은 신앙의 아들로 변했습니다. 사도 바울이 소아시아 지방의 에베소에서 전도할 때, 마침 골로새에 사는 에바브라와 빌레몬이 에베소에 왔다가 바울이 전하는 복음을 듣고 참 생명과 구원을 발견하게 되었습니다. 이들이 예수를 믿고 고향 골로새로 돌아가 빌레몬의 집에서 교회를 개척했습니다. 이렇게 골로새 교회를 개척하게 된 빌레몬에게 종이 있었는데, 그가 바로 오네시모입니다. 오네시모는 주인이 교회를 세워 예배를 드리는데도 주인이 믿는 예수님을 믿지 않았습니다. 그 이유에 대해서는 주인이 매우 가혹했기 때문이라고 말하는 사람도 있으나 신빙성이 약합니다. 예수를 믿고 은혜를 받아 교회를 설립한 사람이라면 노예를 가혹하게 다루지 않았을 것이기 때문입니다. 오히려 오네시모의 성질이 고약하여 믿지 않았을 것이라는 주장이 더 신빙성이 있습니다. 아마 그는 성질이 고약하며 주인이 시키는 대로 하지 않았던 것으로 보입니다. 불평으로 가득했던 그가 주인에게 손해를 끼치고 로마로 도망을 갔다가 바울을 만난 것입니다. 복음을 전하다가 감옥에 갇혀 재판을 기다리고 있던 바울을 어떻게 만났는지는 알 수 없습니다. 죄를 지어 감옥에 들어가서 만났는지, 아니면 주인 빌레몬에게 소식을 들어 이미 알고 있던 바울을 만나러 갔는지 알 수 없습니다. 오네시모는 감옥에 있는 사도 바울을 만났습니다. 로마 시민권이 있던 바울은 감옥생활 중에도 비교적 면회가 자유롭게 허락되어 있었습니다. 사도 바울을 만난 오네시모는 그동안의 사연을 숨김없이 이야기하였습니다. 그리고 사도 바울은 이 기회를 놓치지 않고 오네시모에게 열심히 복음을 전했습니다. 그때 오네시모가 예수님을 영접하고 변한 것입니다. 오네시모는 완전히 새 사람으로 변했습니다. 오네시모는 믿음 안에서 새로 태어난 바울의 아들입니다. "갇힌 중에서 낳은 아들 오네시모를 위하여 네게 간구하노라"(10) 바울과 오네시모는 육적으로 피가 한 방울도 섞이지 않은 남남입니다. 그럼에도 '낳았다'는 표현을 쓴 것은 '믿음으로 낳은 아들'이라는 뜻입니다. 그래서 오네시모에게 바울은 '믿음의 아버지'였고, 바울에게 오네시모는 '참 믿음의 아들' 이었습니다.

우리가 누구를 만나느냐 하는 것은 매우 중요합니다. 오네시모는 바울을 만남으로써 그의 인생이 완전히 변했습니다. 바울을 만난 후 오네시모의 인생은 역전되었습니다. 바울은 복음 안에서 변화된 오네시모를 위하여 그의 주인인 빌레몬에게 편지를 썼습니다. 당시 로마와 주변 국가의 노예는 너무도 비참했습니다. 그들은 살아 있는 도구, 즉 영혼이 없는 두 발 가진 동물에 불과했습니다. 주인들은 자신들의 노예를 마음대로 처형할 수 있었습니다. 오네시모처럼 도망을 간 노예는 그 때의 관습대로 한다면 당연히 사형감이었습니다. 그렇지 않으면 심한 고문을 당하거나 사지가 절단되는 형을 받았습니다. 그나마 잘 된다면 라틴어 'Fugitivus'(도망자)의 머리글자인 'F'자를 이마에 낙인하는 것으로 형이 마무리가 되기도 했습니다. 한편 도망을 간 노예를 변호할 수 있는 법적 근거가 되는 조항이 있었습니다. 이 조항은 노예가 도망을 갔더라도 다시 주인에게로 무사히 돌아갈 수 있으며, 주인에게 돌아가기에 앞서 주인의 친구나 동료에게 가서 자신의 안전을 위해 그들에게 도움을 요청할 수 있다는 규정입니다. 이러한 상황에서 사도 바울은 절박한 처지에 있는 오네시모의 변호인이 되어 주었습니다. 그래서 오네시모의 주인인 빌레몬에게 편지를 써서 그를 보호해 주려고 했던 것입니다.

　오네시모를 변화시킨 것은 바울이 아니라 바울이 전해 준 복음이었습니다. 바울을 통해서 복음을 듣고 예수님을 믿게 되었고, 그는 죄악된 과거를 청산하고 새 사람으로 변했습니다. 복음이 그를 변화시켰습니다. 복음에는 사람을 변화시키는 능력이 있습니다. 복음은 사람의 가치관을 변화시키고 목표를 수정하게 합니다. 그리고 진정으로 투자할 것이 무엇인지를 알게 해 줍니다. 술꾼이 복음으로 변화하여 성령의 술에 취하여 새 사람이 됩니다. 마약중독자가 복음으로 변화하여 신약과 구약을 나누어 주는 복음의 전도자가 됩니다. 이것이 복음의 능력입니다.

우리나라 최남단 마라도에도 교회가 있습니다. 이 '땅 끝 마을' 마라도를 지키며 주님의 사랑과 복음을 전하는 목회자가 있습니다. 방다락(60) 목사님은 부산에서 목회를 하다가 25년 전에 마라도로 건너가 거기에서 복음을 전하고 있습니다. 특히 그의 중요한 임무는 '자살 지킴이' 입니다. 마라도를 찾는 사람들은 인생의 절망과 허무를 안고 스스로 생을 마감하려는 사람들이라고 합니다. 마라도의 등대와 절벽은 한국 최고의 비경으로 알려져 있으며, 마라도가 국토의 끝이라는 상징성 때문에 자살을 기도하는 사람들의 발길이 끊이지 않는다고 합니다. 방 목사님은 나그네의 표정만 봐도 그 의중을 알 정도라고 합니다. 지난 25년 간 자살하려고 이곳을 찾은 사람들 중에서 돌려보낸 사람이 무려 1천여 명에 이른다고 합니다. 복음의 능력이 그들을 변화시켰습니다.

방 목사님이 이곳에 교회를 세우고자 했지만 건축할 돈이 없었습니다. 그래서 교회를 세우려고 하는 그 장소에 엎드려 간절히 부르짖었다고 합니다. 그때 그곳으로 자살하려고 갔던 창녀들이 있었는데, 어디선가 소리 내어 울며 기도하는 소리를 듣고 그들도 함께 엉엉 울었다고 합니다. 한참 울다가 목사님의 사연을 듣고 감동을 받게 되었습니다. 그때 목사님이 복음을 전했는데 모두 큰 은혜를 받았습니다. 그들이 은혜를 받게 되자 가지고 있던 돈을 교회를 짓는데 다 내놓았다고 합니다. 그 후 그녀들을 통해 창녀들에게 복음을 전할 기회가 있었는데 많은 사람들이 결신했다고 합니다. 그들이 전도를 받고 헌금도 했습니다. 특히 제주도의 기생집에서 일하는 60여 명의 여성들이 방 목사님이 건네 준 성경을 읽고 감화를 받아 헌금을 한 돈으로 교회당을 지었습니다.

우리는 여기서 복음의 능력과 위대성을 발견할 수 있습니다. 오네시모는 바울을 통해 받은 복음으로 인하여 믿음의 아들로 다시 태어났습니다. 그는 더 이상 죄를 지으며 살아가는 비참한 노예가 아닙니다. 이제는 어둠의 자식이 아닙니다. 그는 복음을 통해서 자유를 얻었고, 구원받은 하나님의 자녀가 되었고, 믿음의 아들이 되었습니다. 하나님의 말씀은 능력이 있어 사람을 변화시킵니다. 새롭게 만듭니다. 성경은 말씀합니다. "내가 복음을 부끄러워하지 아니하노니 이 복음은 모든 믿는 자에게 구원을 주시는 하나님의 능력이 됨이라 첫째는 유대인에게요 또한 헬라인에게로다"(롬 1:16), "하나님의 말씀은 살았고 운동력이 있어 좌우에 날선 어떤 검보다도 예리하여 혼과 영과 및 관절과 골수를 찔러 쪼개기까지 하며 또 마음의 생각과 뜻을 감찰하나니"(히 4:12) 오네시모는 복음 안에서 믿음의 아들로 변했습니다.

우리도 복음으로 인하여 변해야 합니다. 복음으로 우리의 삶이 변해야 합니다. 복음으로 우리의 목표와 가치관이 새롭게 변해야 합니다. 복음의 능력으로 변해 가는 삶을 사는 성도들이 되시기를 바랍니다.

2. 무익하였으나 유익한 사람으로 변했습니다

바울은 고백합니다. "저가 전에는 네게 무익하였으나 이제는 나와 네게 유익하므로"(11)

오네시모란 이름은 '도움이 되는' 이란 뜻입니다. 오네시모는 전에는 무익한 사람이었습니다. 그러나 복음을 믿어 그리스도 안에서 새로운 피조물이 된 지금은 바울과 주인 빌레몬에게도 유익한 자가 되었습니다(11-12). 오네시모가 왜 주인인 빌레몬에게서 도망을 갔는지는 알 수 없습니다. 그러나 바울이 "저가 만일 네게 불의를 하였거나 네게 진 것이 있거든 이것을 내게로 회계하라"(18)고 한 것으로 보아, 주인의 재물에 손해를 끼치고 그것을 감당할 수 없어 도망간 것으로 보입니다. 바울은 오네시모가 빌레몬에게 갚아야 할 것이 있다면 자신이 갚아주겠다고 합니다. 오네시모는 주인에게 손해만 끼치던 무익한 인생이었습니다. 그러나 이제는 바울과 주인이었던 빌레몬에게도 유익한 자가 되었습니다. 특히 바울은 자신의 복음사역에 없어서는 안 될 존재가 되었다고 말하고 있습니다.

마가 요한은 사도 바울과 바나바를 따라 선교여행에 참여했지만 너무 힘들어 도중에 예루살렘으로 돌아 갔습니다. 아무튼 그는 선교의 실패자였습니다. 세월이 지난 후 다시 선교여행을 떠나려 할 때 외삼촌 바나바는 요한을 데리고 가자고 했으나 바울이 반대했습니다. 이 일로 두 사도가 크게 다투어 각각 선교여행을 떠나게 되었습니다. 원인 제공자는 마가였습니다. 그러나 그로부터 시간이 많이 흐른 후에는 마가를 반대했던 사도 바울도 "마가를 데리고 오라 그는 나에게 유익한 자"라고 그를 인정하게 되었습니다. 그는 재기에 성공하여 선교 사역을 잘 감당했을 뿐만 아니라, 신약성경의 두 번째 복음서인 마가복음의 저자가 되는 영광을 받았습니다. 그는 전에는 무익했었지만 지금은 유익한 자가 된 것입니다.

오네시모는 예전에는 무익하였으나 이제는 유익한 사람이 되었습니다. 그리스도의 사랑과 은혜를 체험하고 확신한 자는 자신을 스스로 가치 있는 사람으로 여길 뿐 아니라, 자신의 삶을 통해 이웃에게 유익을 주는 자가 되어야 합니다. 실로 주님을 영접한 후 온전히 새로워진 오네시모의 삶은 우리 모든 성도들에게 좋은 귀감이 됩니다.

우리도 유익한 사람이 되어야 합니다. 특히 복음을 위해서 유익한 사람이 되어야 합니다. 우리는 하나님 나라와 하나님의 교회에도 유익한 사람이 되어야 합니다. 나라와 민족을 위해서도 유익한 사람이 되어야 합니다. 이 사회와 우리가 속한 공동체와 가족에게도 유익한 사람이 되어야 합니다. 우리는 무익한 사람이 아니리 유익한 사람이 되어야 합니다.

하나님의 교회에 유익한 사람은 어떤 사람입니까?

①무슨 일을 하든지 주님 앞에서 하는 사람입니다(골 3:24). 사람의 눈을 의식하지 않고, 무슨 일을 하더라도 하나님을 의식하고 행하는 사람입니다.

②무슨 일에나 언제나 섬기는 사람입니다. 무슨 일에나 도움이 되려고 노력하는 사람입니다(마 20:27). 위대한 사람은 다른 사람을 섬기는 사람입니다.

③다른 사람을 나보다 더 낫게 여기는 사람입니다(롬 12:3). 교회에

서 개인의 의견을 너무 고집하지 않는 사람입니다. 좋은 의견을 제시하되 고집을 부리지 않는 사람입니다.

④모든 일을 평화롭게 함께 처리해 가는 사람입니다. 예수님은 "화평케 하는 자는 복이 있나니 저희가 하나님의 아들이라 일컬음을 받을 것"(마 5:9)이라고 말씀하셨습니다.

⑤목회자를 여러 면에서 도와주는 사람입니다. 목회자는 사역이 많은 사람입니다. 시간과 일꾼이 필요합니다. 성숙한 성도는 목회자의 사역을 이해하고 협력하며 도와주는 사람입니다. 너무 많은 기대를 하거나 요구하지 않고, 도와주고 협력해 가며 성숙해 가는 사람입니다.

⑥일의 귀천을 가리지 않고 무슨 일에나 자원해서 도우려고 하는 사람입니다. 사회적으로는 유명하고 높은 지위에 있더라도, 교회에서는 비천해 보이는 일도 기쁨으로 하는 것이 교회의 아름다움이요 멋입니다. 좋고 싫은 것을 가려서 하는 것이 아니라, 무엇이든 할 수 있는 사람이 되어야 합니다. 예수님도 먼저 종처럼 제자들의 발을 씻어 주셨습니다.

⑦무슨 일에나 솔선수범을 하는 사람입니다. 미리 알아서 해야 할 일들을 앞장서서 할 때 감동을 받는 곳이 교회입니다. 솔선수범은 성공하는 사람들의 특징 가운데 하나입니다.

⑧교회 안에 어려운 문제가 생겼을 때에는 입은 다물고 기도만 하는 사람입니다. 수많은 사람들이 모이는 교회와 같은 공동체에서는 가능한 한 말을 적게 하는 것이 유익합니다.

⑨사람을 더 귀하게 보는 사람입니다. 일은 조금 서툴더라도 사람을 귀하게 보고 소중히 여기는 사람입니다.

⑩절대자 하나님의 능력을 전적으로 의지하고 섬기는 사람입니다. 마음에 들지 않더라도 성경의 분명한 가르침에 어긋나지 않는 한, 다수가 원하는 대로 협력하는 것이 더 유익합니다.

⑪입술에 축복의 말이 늘 흐르는 사람입니다. 부정적인 말을 삼가고, 좋지 않은 말이나 확실하지 않은 말은 하지 않는 사람입니다. 반면 긍정적인 말을 하고, 같은 말이라도 좀 더 좋게 말하는 사람이 교회에 유익한 사람입니다.

하나님의 교회는 이런 사람들이 많아야 합니다. 성경은 말씀합니다. "모든 것이 가하나 모든 것이 유익한 것은 아니요 모든 것이 가하나 모든 것이 덕을 세우는 것은 아니니 누구든지 자기의 유익을 구치 말고 남의 유익을 구하라"(고전 10:23-24)

우리는 오네시모처럼 하나님의 일에 유익한 사람이 되어야 합니다. 복음 전하는 일에 유익한 사람이 되어야 합니다. 우리는 교회에 무익한 사람이 아니라 유익한 사람이 되도록 해야 합니다. 그래서 하나님의 도우심으로 하나님의 나라에 무익한 자가 아니라 유익한 자로 살아갑시다.

3. 심복으로 변했습니다

"저가 전에는 네게 무익하였으나 이제는 나와 네게 유익하므로 네게 저를 돌려보내노니 저는 내 심복이라 저를 내게 머물러 두어 내 복음을 위하여 갇힌 중에서 네 대신 나를 섬기게 하고자 하나"(11-13)

여기서 '심복'(스플랑크논, $\sigma\pi\lambda\acute{\alpha}\gamma\chi\nu o\nu$)은 원래 '내장'이란 뜻입니다. 이 말은 동정이나 애정을 뜻하며, 여기서는 인간의 애정이 깃들어 있는 마음을 의미합니다. 이 구절의 정확한 번역은 "그는 곧 나의 심장이다"(my own heart)입니다. 그래서 사도 바울이 오네시모를 빌레몬에게 보낸다는 것은 자신의 심장을 보내는 것과 같습니다. 심복이란 자신의 분신과도 같은 것입니다. 나의 애정과 나의 정열과 나의 마음을 그대로 실어 보내는 것, 곧 그가 나 자신이라는 뜻입니다. 심복은 마음속으로부터 아끼고 사랑하는 사람을 의미합니다. 그 사랑에 감격하여 목숨까지도 바칠 만큼 충성하는 사람을 의미합니다.

오네시모가 예전에는 그의 주인이었던 빌레몬에게 불충성한 사람이었습니다. 그래서 주인에게 손해를 끼치고 도망갈 수밖에 없는 무익한 종이었습니다. 그런 그가 변하여 사도 바울의 심복이 되었습니다. 그래서 바울은 오네시모를 머물게 하고 싶어 빌레몬에게 편지를 썼습니다. "저를 내게 머물러 두어 내 복음을 위하여 갇힌 중에서 네 대신 나를 섬기게 하고자 하나"(13) 오네시모는 바울의 충성스런 심복으로 변했습니다. 그러나 오네시모는 법적으로 엄연한 주인이 있는 노예였습니다. 그래서 그를 주인인 빌레몬에게 돌려보냈다가 빌레몬으로부터 정식으로 허락을 받은 후에 곁에 두고 싶었던 것입니다. 그래서 바울은 아주 정중하게 예의를 갖추어 편지를 쓰는 것입니다. "다만 네 승낙이 없이는 내가 아무것도 하기를 원치 아니하노니 이는 너의 선한 일이 억지 같이 되지 아니하고 자의로 되게 하려 함이로라"(14) 사도 바울은 복음으로 변한 오네시모와 평생 함께 복음을 전하며 자신을 도와주기를 원했지만, 주인인 빌레몬의 허락이 없이는 그렇게 하고 싶지 않았습니다. 합법적으로 주인인 빌레몬의 허락을 받아 오네시모의 신분을 완전히 회복시킨 후에, 당당하고 떳떳하게 주의 일을 하기를 바랐습니다. 그만큼 오네시모는 사도 바울에게 있어서 아주 소중하고 충성된 사람으로 변해 있었던 것입니다. 오네시모는 복음을 위해 바울의 심복, 즉 심장과 같은 사람으로 변해 있었습니다. 이것이 하나님의 은혜요, 복음의 능력입니다. 무익한 사람이었으나 이제는 유익한 사람, 바울의 사랑과 신임을 받는 충성스런 심복으로 변해 있었습니다. 오네시모에 대한 성경의 기록은 여기서 끝이 납니다.

그러나 그 뒷이야기는 유대인들의 전설로 전해지고 있습니다. 빌레몬이 바울의 편지와 함께 오네시모를 맞이하면서 "이 일을 내가 했어야 하는데 바울 사도가 했다"며 크게 감동을 받았다고 합니다. 그리고 "내가 너를 없는 것으로 생각할 테니 바울에게로 다시 가라"며 돌려보냈다고 합니다. 그래서 오네시모는 바울과 함께 평생 복음을 전하다가 바울이 순교할 때에 함께 순교되었다고 합니다. 오네시모는 바울의 충성스런 심복이었습니다. 오네시모는 바울의 심복이요, 바울은 그리스도의 심복입니다.

우리도 예수님의 심복입니다. 우리도 주님의 신실한 심복이 되어야 합니다. 하나님의 충성스런 심복이 되어야 합니다. 하나님의 교회도 오네시모처럼 하나님과 복음을 위하여 충성을 다하는 심복이 많아야 합니다.

믿음의 조상 아브라함에게는 신실한 종 엘리에셀이 있었습니다. 엘리에셀은 아브라함이 자기 집의 모든 소유를 맡길 정도로 믿음직스러웠습니다. 이삭이 태어나기 전에는 한 때 상속자로 생각하기도 하였습니다. 아브라함은 며느리를 맞이하는 일도 전적으로 그 종에게 맡겼습니다. 아브라함에게는 자신의 속마음을 다 말할 수 있고, 믿고 의논할 수 있고, 무엇이든 믿고 맡길 수 있는 심복 엘리에셀이 있었습니다. 엘리에셀은 아브라함이 믿었던 대로 이삭의 아내가 될 리브가를 설득하여 데려 오는 신실하고도 충성스런 심복이었습니다. 우리 모두 하나님의 심복이 되어야 합니다. 주님께서 언제나 곁에 두고 싶어 하시는 심복 말입니다. 모세에게도 충성스런 심복인 여호수아가 있었습니다. 성경에는 여호수아를 모세의 시종이라고 했습니다. 여호수아는 모세를 떠나지 않고 항상 모세의 곁에 있었습니다. 시내산에서 십계명을 받을 때에도 산 아래서 혼자 40일 동안 기다렸습니다.

심복에는 특징이 있습니다.

①주인의 뜻을 바로 헤아리고 이해할 줄 알아야 합니다. 충성스런 종은 주인의 뜻을 바로 알고 행하는 사람입니다. 주인의 뜻과 역행하여 그릇 행하면 심복이 될 수 없습니다. 대통령의 심복은 대통령의 눈빛만 보아도 그 마음을 헤아릴 줄 알아야 합니다. 예수님의 심복은 예수님의 뜻을 바르게 이해할 줄 알아야 합니다.

②주인의 뜻을 깨달았으면 어떤 위험이나 고통이 수반되어도 그대로 실천에 옮겨야 합니다. 왕의 충성스런 심복은 왕을 위하여 목숨을 걸고 임무를 완수합니다. 군(軍) 지휘관의 심복은 지휘관을 위해 목숨이라도 바칠 수 있는 자라야 합니다.

고대 중국 '전국시대'에 유방이 항우와 싸울 때의 일입니다. 유방의 부하 장수 가운데 번쾌라는 사람이 있었는데, 번쾌가 이끄는 부대가 항우의 부대에게 포위되어 일촉즉발의 위기에 처해 있었습니다. 번쾌는 전령으로 하여금 육군에게 위급하다는 정보와 함께 구원을 요청하도록 명령하였습니다. 책임을 맡은 전령은 미친 사람으로 가장을 하고, 발각되었을 때의 안전과 비밀보장을 위하여 입 안에 달궈진 숯덩이를 넣어서 벙어리가 되고 말았습니다. 전령은 얼마 가지 못해 적에게 발각되어 심문을 받게 되었지만, 벙어리에다 미친놈으로 인정되어 무사히 석방되었습니다. 그는 마침내 임무를 완수하게 되었고, 이로 인하여 번쾌는 지원군을 받아 그 전투에서 크게 승리하여 열국을 통일시켰습니다.

예수 그리스도의 심복 역시 주의 말씀을 실행하기 위하여 자신의 목숨까지도 희생하는 사람입니다. 이것이 순교자입니다. 성경은 말씀합니다. "그 주인이 이르되 잘 하였도다 착하고 충성된 종아 네가 작은 일에 충성하였으매 내가 많은 것으로 네게 맡기리니 네 주인의 즐거움에 참예할지어다"(마 25:21)

③심복은 자기의 소유를 자기의 것이라 주장하면 안 됩니다. 심복은 자기가 소유한 것은 주인을 위해 있으며, 주인의 뜻에 따라 쓰여야 한다고 생각하는 사람입니다. 우리도 그리스도의 심복으로서 우리가 가진 모든 것은 주님이 주신 것이요, 필요하면 주님을 위해서 언제든지 사용할 수 있는 사람이 되어야 합니다.

영국의 해군 제독이었던 넬슨은, 싸움에 나갈 때마다 "영국은 제군들이 각자 맡은 바 임무를 다할 것으로 믿는다"라는 신호기를 달았을 정도로 끝까지 최선을 다한 군인이었습니다. 그는 1770년 르코시마 전쟁 때 오른쪽 눈을 잃었고, 1789년 젠투빈샌트 해전에서는 오른쪽 팔을 잃었습니다. 그럼에도 불구하고 그는 싸움에 임할 때마다 항상 꿋꿋한 자세를 유지했습니다. 그러던 중 1805년, 넬슨은 트라팔가 앞바다에서 프랑스와 스페인의 연합함대와의 접전에서 적의 함대를 거의 침몰시켰습니다. 그러나 그는 적의 총탄에 맞아 전사하게 되었습니다. 그는 쓰러져서도 싸움의 결과가 걱정되어 부하에게 물었습니다. "누가 승리하고 있는가?" 부하가 "승리는 우리 쪽입니다." 하고 말했습니다. 그러자 그는 부하의 말에 웃음을 띠며 이런 말을 남기고 숨을 거두었습니다. "하나님, 감사합니다. 내가 내 직분을 다할 수 있게 하신 것을 감사합니다." 넬슨은 군인으로서 그에게 주어진 책임을 충실히 이행했던 나라에 유익한 사람이요, 충성스런 심복이었습니다. 사도 바울 역시 고백합니다. "나의 달려갈 길과 주 예수께 받은 사명 곧 하나님의 은혜의 복음 증거하는 일을 마치려 함에는 나의 생명을 조금도 귀한 것으로 여기지 아니하노라"(행 20:24)

아무리 세월이 흘러도 오네시모처럼 변화된 사람이 필요합니다. 우리도 오네시모처럼 변합시다. 복음 안에서 믿음의 사람으로 변합시다. 전에는 무익했으나 이제는 유익한 사람으로 변해야 합니다. 그리스도의 충성스러운 심복이 되어야 합니다. 하나님의 나라와 영광을 위하여 날마다 변해 가는 삶을 살아갑시다. 아멘.

⁴요셉이 형들에게 이르되 내게로 가까이 오소서 그들이 가까이 가니 가로되 나는 당신들의 아우 요셉이니 당신들이 애굽에 판 자라 ⁵당신들이 나를 이곳에 팔았으므로 근심하지 마소서 한탄하지 마소서 하나님이 생명을 구원하시려고 나를 당신들 앞서 보내셨나이다 ⁶이 땅에 이년 동안 흉년이 들었으나 아직 오년은 기경도 못하고 추수도 못할지라 ⁷하나님이 큰 구원으로 당신들의 생명을 보존하고 당신들의 후손을 세상에 두시려고 나를 당신들 앞서 보내셨나니 ⁸그런즉 나를 이리로 보낸 자는 당신들이 아니요 하나님이시라 하나님이 나로 바로의 아비를 삼으시며 그 온 집의 주를 삼으시며 애굽 온 땅의 치리자를 삼으셨나이다 ⁹당신들은 속히 아버지께로 올라가서 고하기를 아버지의 아들 요셉의 말에 하나님이 나를 애굽 전국의 주로 세우셨으니 내게로 지체 말고 내려오사 ¹⁰아버지의 아들들과 아버지의 손자들과 아버지의 양과 소와 모든 소유가 고센 땅에 있어서 나와 가깝게 하소서 ¹¹흉년이 아직 다섯 해가 있으니 내가 거기서 아버지를 봉양하리이다 아버지와 아버지의 가속과 아버지의 모든 소속이 결핍할까 하나이다 하더라 하소서 ¹²당신들의 눈과 내 아우 베냐민의 눈이 보는바 당신들에게 이 말을 하는 것은 내 입이라 ¹³당신들은 나의 애굽에서의 영화와 당신들의 본 모든 것을 다 내 아버지께 고하고 속히 모시고 내려오소서 하며 ¹⁴자기 아우 베냐민의 목을 안고 우니 베냐민도 요셉의 목을 안고 우니라 ¹⁵요셉이 또 형들과 입 맞추며 안고 우니 형들이 그제야 요셉과 말하니라

(창세기 45:4-15)

11

행동하는 신앙인 - 요셉

미국 조지아 주의 한 시골 학교 교사인 마르다 베리는 부호인 헨리

포드 씨에게 편지를 보냈습니다. 학교를 위하여 일천 달러를 기증해 주시면 좋은 피아노를 구입해서 어린이들을 교육할 수 있을 것이라는 간곡한 사연이었습니다. 그런데 회답 속에는 한 개의 다임(Dime), 곧 10센트가 들어 있을 뿐이었습니다. 베리 선생은 그 회신으로 인하여 모욕감을 느끼거나 절망하지 않고, 그 10센트로 땅콩을 사서 땅콩농사를 시작하였습니다. 베리 선생은 작은 수확이라도 감사하면서 해마다 그 중의 일부를 포드 씨에게 보냈습니다. 5년 후, 드디어 피아노를 구입하는 데 필요한 돈을 마련할 수 있었습니다. 여기에 감동한 포드 씨는 처음에 부탁한 돈의 열 배인 1만 달러를 보내주었다고 합니다.

여기서 우리에게 주는 교훈은 행동하는 삶입니다. 마르다 베리가 성실하게 행동할 때 열매를 거둘 수 있었습니다. 믿음은 생명의 씨입니다.

오늘 우리는 행동하는 신앙인 요셉의 삶을 같이 생각해 보겠습니다.

1. 순결을 지킨 삶

1) 불의와 타협하지 않았습니다

요셉은 어릴 때부터 신앙의 순결을 지켰습니다. 그의 형들이 잘못하는 것을 보고 동참하지 않고, 오히려 아버지에게 형들의 잘못을 일렀습니다. "요셉이 십칠 세의 소년으로서 그 형제와 함께 양을 칠 때에 그 아비의 첩 빌하와 실바의 아들들로 더불어 함께 하였더니 그가 그들의 과실을 아비에게 고하더라"(37:2)

'그들의 과실'에서 '과실'은 '악한 행실'을 뜻하는 말로 '그들에 관한 나쁜 보고'란 의미입니다. 요셉은 '형들에 관한 추문(醜聞)'을 직접 확인한 후에 그 사실을 아버지에게 솔직히 전한 것 같습니다. 어릴 때부터 요셉은 불의를 보지 못했습니다. 형들이 잘못을 하면서 유혹할 때 거절하기도 어려웠을 뿐 아니라, 형들로부터 따돌림을 당할 수도 있었을 것입니다. 그러나 요셉은 형들처럼 죄 짓는 일에 동참하지 않은 결과 형들의 미움을 받아 애굽으로 팔리게 되었습니다. 그래도 요셉은 끝까지 불의에 동참하지 않았습니다. 요셉은 어릴 때부터 불의한 일을 거부하는 행동하는 신앙인이었습니다.

오늘날에도 우리가 사는 이 세상에는 많은 유혹이 있습니다. 특히 젊은이들에게는 언제나 유혹이 도사리고 있습니다. 많은 청소년과 젊은이들이 너무 쉽게 유혹에 빠져 타락하고 맙니다. 그러면 이 유혹을 어떻게 이길 수 있습니까? 요셉은 불의와 타협하지 않는 행동하는 신앙인이었습니다.

2) 유혹을 물리 친 삶입니다

요셉은 형들의 배반으로 애굽에 종으로 팔려와, 고생 끝에 시위대장 보디발의 신임을 얻어 가정 총무가 되었습니다. 그런 그에게 또다시 유혹이 찾아왔습니다. 보디발의 아내는 요셉을 유혹하기 위해서 치밀한 계획을 세워 접근해 왔습니다. 보디발의 아내가 날마다 요셉을 유혹했지만 요셉은 끝까지 유혹을 뿌리쳤습니다. 우리가 주목할 것은, 이 시점부터 요셉을 넘어뜨리기 위한 사단의 역사가 시작되었다는 점입니다.

①유혹의 시점은 형통할 때였습니다.

요셉이 형통할 때 유혹이 찾아 왔습니다. 당시 요셉은 더 이상 노예의 신분으로 볼 수 없었습니다. 당시 애굽 최고의 실력자들 중에서도 손꼽히는 시위대장의 집에서 요셉의 말을 거역할 사람은 아무도 없었습니다(9). 바로 그럴 때 사탄은 보디발의 아내를 통해 요셉을 유혹했습니다. 이처럼 사탄의 유혹은 주로 하나님의 백성이 형통할 때 찾아옵니다. 왜냐하면 사탄은 결코 하나님의 백성이 형통한 것을 보지 못하기 때문입니다. 또한 성도가 형통할 때는 신앙의 경계를 소홀히 하게 되어 사탄이 유혹하기가 그만큼 쉽기 때문이기도 합니다.

사탄이 아담과 하와를 유혹했던 시기도 마찬가지입니다. 아담과 하와가 하나님이 주신 에덴동산에서 최고의 만족과 기쁨을 누리며 형통한 삶을 살고 있을 때였습니다. 또 다윗이 자신의 충복 우리아를 죽이고 그의 아내를 빼앗았던 시기도 형통할 때였습니다. 하나님께서 그를 유다와 온 이스라엘의 왕이 되게 하시고, 그 주변국들과의 전쟁에서 연전연승하게 하셔서 이스라엘 건국 이후 최고의 영화를 누리게 하셨던 시기였습니다.

사탄은 주로 성도가 형통할 때 찾아와 유혹하여 넘어뜨립니다. 그러므로 성도는 하나님의 축복으로 형통하게 될 때 자고해서는 안 됩니다. 형통할 때 더욱 영적으로 깨어 있어야 합니다. 언제 사탄이 유혹하여 무너뜨리고 하나님께서 주신 축복을 앗아갈지 모르기 때문입니다. 오직 성도는 모든 유혹을 이기고 더 큰 하나님의 축복 가운데로 나아갈 수 있도록, 확고한 믿음과 깨끗한 양심을 잃지 않도록 해야 합니다.

②사탄의 유혹은 참으로 끈질기고 집요합니다.

요셉에 대한 보디발 아내의 유혹은 아주 집요하고도 끈질겼습니다 (39:7,10,12). 보디발 아내의 유혹은 한 번으로 그친 것이 아닙니다. 10절에 보면 '여인이 날마다 요셉에게 청하였다'고 했습니다. 성도에 대한 사탄의 유혹 역시 요셉에 대한 보디발 아내의 유혹처럼 집요하고도 끈질깁니다. 성도가 아무리 단호하게 그 유혹을 뿌리쳐도 사탄은 성도를 넘어뜨리기 위해 끝까지 포기하지 않습니다. 그러므로 우리는 사탄의 유혹을 받을 때 한두 번 뿌리쳤다고 해서 결코 방심해서는 안 됩니다. 사탄은 성도들을 넘어뜨려 멸망으로 인도하기까지 결코 포기하지 않습니다. 사탄은 성도가 한두 번의 유혹에 넘어가지 않으면, 열번 뿐 아니라 백번이라도 유혹할 것입니다. 이처럼 사탄의 유혹이 계속되다 보면 아무리 신실한 사람이라도 그 유혹에 넘어가게 됩니다. 그러므로 성도는 항상 깨어서 전투적인 자세로 사탄의 유혹에 단호하게 대처해야만 합니다. 결코 빈틈을 보인다거나 방심해서도 안 됩니다. 사도 바울처럼 '선한 싸움을 다 싸우고 끝까지 믿음을 지켰다'는 고백을 할 수 있어야 합니다(딤후 4:7). 요셉은 보디발 아내의 집요한 유혹에도 불구하고 동침하지 않았을 뿐만 아니라 함께 있지도 않았습니다(39:10). 요셉은 철저하고도 단호하게 죄의 유혹을 뿌리쳤습니다. 우리는 죄악으로 만연한 시대를 살아가고 있습니다. 그러므로 하나님의 백성으로서 순결한 삶을 살기 위해 악을 멀리해야 합니다. 요셉은 보디발의 아내가 날마다 유혹했지만, 그의 말을 듣지 않았을뿐더러 그와 함께 있지도 않았습니다.

이스라엘 백성들이 가나안 땅을 정복할 때, 하나님은 그 땅의 원주민을 다 죽이거나 쫓아내라고 말씀하셨습니다. 사랑의 하나님께서 그렇게 명령하신 것은 우리의 연약함을 잘 아시기 때문입니다. 하나님의 백성인 이스라엘이 악을 가까이하지 못하도록 미리 대비하신 것입니다. 우리는 죄를 지을 수 있거나 죄의 유혹이 있는 자리에 가까이 가면 안 됩니다. 가까이 하게 되면 대부분이 넘어가게 됩니다. 다윗은 이렇게 고백합니다. "내가 행악자의 집회를 미워하오니 악한 자와 같이 앉지 아니하리이다"(시 26:5) 우리도 요셉처럼 순결을 지키기 위해 결단하고 행동하는 신앙인이 되어야 합니다.

3) 하나님 앞에서 믿음으로 행동했습니다

당시 요셉은 약 27세의 나이로 한창 성욕이 왕성한 젊은이였습니다. 더구나 부모와 고향을 떠나 머나먼 타국에서 혈혈단신으로 외롭게 살아가고 있었습니다. 또한 종의 신분으로 안주인의 요구를 거절하는 것이 쉬운 일이 아니었을 것입니다. 세상적으로 볼 때 안주인과 내연의 관계를 맺는다면 집에서 자신의 위치를 확고히 할 수 있는 좋은 기회가 될 수도 있었습니다. 모든 점에서 요셉이 보디발 아내의 유혹을 뿌리친다는 것이 쉽지 않은 상황이었습니다. 그럼에도 불구하고 요셉은 보디발 아내의 유혹을 단호히 뿌리쳤습니다. 겉옷을 잡고 매달릴 때, 그는 그 겉옷을 벗어 던지고 달아났습니다. 요셉이 보디발 아내의 유혹을 그처럼 단호히 뿌리쳤던 이유는 주인 보디발이 두려워서가 아닙니다. 그가 두려워한 것은 보디발이 아니라 오직 하나님이었습니다. 요셉은 하나님께 죄를 범하지 않으려고 뿌리쳤던 것입니다(9). 우리가 죄의 유혹을 이길 수 있는 길은 사람이나 환경에 앞서 하나님의 눈을 의식하는 것입니다. 그리할 때 우리는 죄의 유혹을 뿌리치고 승리할 수 있습니다.

　지금 우리가 사는 이 세상은 참으로 음란한 세대입니다. 우리 사회에서는 지금 서구인들조차 혀를 내두를 정도로 음란이 넘쳐흐릅니다. 너무나 무분별하게 문란한 곳으로 몸과 마음을 내맡기고 있습니다. 음란물을 싣는 신문과 잡지가 인기가 있습니다. 음란한 영화와 사진, 그림이 만연합니다. 심지어 동성애자들이 공개적으로 자신들의 권리를 주장하고 있습니다. 그런가 하면 예술이라는 미명 아래 알몸을 공개하는 것을 정당화하려는 누드협회, 섹스 숍, 음란 사이트, 음란 CD 룸 등이 범람하고 있습니다. 이러한 호색문화는 사람의 마음을 부패시키고, 성적 부도덕을 유발시키고 있습니다. 많은 사람들의 마음이 음욕으로 가득하고, 감각은 굳어져서 범죄나 폭행사건을 당연하게 생각하거나 대수롭지 않게 여기고 있습니다. 그러나 하나님은 음란한 자와 간음하는 자를 미워하시고 심판하십니다(히 13:4, 계 19:2). 이런 자들은 하나님의 나라를 결코 유업으로 받지 못한다고 하셨습니다. 역사적으로도 하나님은 성적으로 문란해진 사회를 그냥 내버려두지 않으셨습니다. 이스라엘 백성이 간음하다가 하루에 2만 3천 명이 죽었습니다. 이런 일이 거울이 되고, 또한 말세를 만난 우리의 경계가 되어야 하겠습니다(고전 10:8-11). 하나님은 소돔과 고모라, 폼페이를 다 불로 멸망시키셨습니다. 우리는 멸망의 길을 걷지 말아야 합니다.

　흰 담비는 털이 아름답기로 유명합니다. 흰 담비는 본능적으로 자신의 털을 더럽히지 않으려는 강한 의지가 있습니다. 그런데 사냥꾼들이 흰 담비를 잡을 때 이러한 속성을 이용한다고 합니다. 즉 흰 담비가 사는 굴 입구에 숯검정을 칠해 놓고 숲속에서 놀고 있는 흰 담비를 굴

속으로 몰아갑니다. 그러면 굴 입구에 다다른 흰 담비는 자신의 흰털을 더럽히기보다는 차라리 죽음을 택한다고 합니다.

우리는 구원받은 거룩한 하나님의 자녀, 즉 성도들입니다. 성도는 '거룩한 사람', 혹은 '성결한 사람'이란 뜻입니다. 타락한 이 세상과는 구별된 사람이란 뜻입니다. 이런 사람을 거듭난 사람, 또는 중생한 사람이라고 말합니다. 하나님은 우리가 음란을 버리고 순결하기를 원하십니다. 주님은 "내가 거룩하니 너희도 거룩할지어다"(벧전 1:16)라고 말씀하셨습니다(살전 4:3-5). 제7계명은 "간음하지 말라"입니다. 예수님은 한 걸음 더 나아가 실제적 간음행위 뿐만 아니라 마음에 품기만 한 간음행위까지도 정죄하고 있습니다. 성경은 말씀합니다. "모든 사람은 혼인을 귀히 여기고 침소를 더럽히지 않게 하라 음행하는 자들과 간음하는 자들을 하나님이 심판하시리라"(히 13:4) 사도 바울도 이렇게 말했습니다. "낮에와 같이 단정히 행하고 방탕과 술 취하지 말며 음란과 호색하지 말며 쟁투와 시기하지 말고 오직 주 예수 그리스도로 옷 입고 정욕을 위하여 육신의 일을 도모하지 말라"(롬 13:13-14) 요셉은 시위대장 보디발 아내의 유혹을 물리치는 결단이 있었습니다. 그는 순결한 삶을 살기 위해 행동한 신앙인이었습니다. 하나님은 신앙의 순결을 지키기 위해 행동한 요셉을 축복하셨습니다.

오늘날은 요셉처럼 순결한 삶을 위하여 행동할 줄 아는 사람을 필요로 합니다. 우리도 하나님의 뜻을 따라 순결한 삶을 삶으로써 하나님을 기쁘시게 하는 행동하는 신앙인이 됩시다.

2. 성실한 삶

요셉의 삶을 요약하면 성실 그 자체입니다. 요셉은 성실한 행동으로 하나님의 축복을 받은 신앙인의 모델입니다. 요셉은 성실한 삶을 살았습니다. 그는 항상 성실하게 행동했습니다.

①요셉은 젊었을 때 하나님이 주신 꿈을 평생 간직하고 이상을 꿈꾸는 삶을 살았습니다(37:6-7,9). 그는 평생 하나님이 주신 꿈을 품고, 하나님 앞에서 그 꿈을 이루기 위해 성실하게 살았습니다. 집에서나 종으로 살 때나, 누명을 쓰고 감옥에 들어갔을 때에도, 그리고 총리가 되어서도 성실하게 살았습니다. 결국 그는 하나님께서 꿈을 통해 주신 계시대로 애굽의 총리직에 올랐고, 가족과 많은 생명을 구원하며 통치하는 삶을 살았습니다. 이것은 오늘날 우리 성도들도 하나님의 말씀 안에서 꿈과 이상을 가지고 성실하게 삶으로써, 하나님의 뜻을 이루어가는 행동하는 신앙인이 되어야 함을 보여줍니다.

②아버지의 명령대로 순종함으로 형제들에게 심부름을 했습니다(37:13).

③보디발의 집에서 종노릇을 할 때나 감옥살이를 할 때에도 13년 동안 성실하게 살았습니다.

④감옥살이 기간 중에도 옥중 죄수의 제반 사항을 성실하게 담당하여 인정을 받았습니다(39:22-23).

⑤항상 하나님을 의뢰하며 성실하게 신앙을 지켰습니다(39:2-3,23).

성경은 성실한 삶을 강조합니다. 시편 기자는 하나님을 경외하는 자의 삶의 지표로써 '성실로 식물을 삼으라' 고 했습니다(시 37:3). 하나님은 성실하십니다. 하나님은 새벽빛 같이 일정하십니다(호 6:3). 하나님의 성실한 성품을 가장 잘 표현해 주는 성경 구절이 있습니다. "하나님은 인생이 아니시니 식언치 않으시고 인자가 아니시니 후회가 없으시도다 어찌 그 말씀하신 바를 행치 않으시며 하신 말씀을 실행치 않으시랴"(민 23:19), "여호와의 자비와 긍휼이 무궁하시므로 우리가 진멸되지 아니함이니이다 이것이 아침마다 새로우니 주의 성실이 크도소이다"(애 3:22-23) 우리가 하나님을 닮아간다는 것은 하나님의 성실한 성품을 닮아가는 것을 말합니다. 하나님은 성실한 자에게 지혜를 주십니다.

　우리 인간도 성실한 사람을 좋아하고 신뢰합니다. 또 일을 맡길 때에도 성실한 사람에게 맡깁니다. 하나님은 성공적인 사람보다 성실한 사람을 찾으십니다. 성실은 하나님을 의지하고 경외하는 사람에게 나타나는 성품입니다. 성실이 결여된 성공은 오래 가지 못합니다. 그러나 성실을 겸비한 성공은 오랫동안 지속됩니다. 그리고 그 성공은 섬김이라는 열매를 맺습니다.

　믿음의 사람 다니엘의 영성의 뿌리는 성실에 있었습니다. 성실은 그의 승리의 비결이자 지혜의 원천이었습니다. 다니엘은 왕의 명을 어기고 기도하면 사자굴에 던져진다는 사실을 알았습니다. 그럼에도 불구하고 '전에 행하던 대로' 하루 세 번씩 무릎을 꿇고 감사하며 기도했습니다(단 6:10). 다니엘은 성실한 신앙, 성실한 인격, 성실한 기도, 성실한 행동으로 승리했습니다. 성실성은 제자도의 핵심입니다. 예수님은 제자들에게 "나를 따라 오려거든 자기를 부인하고 날마다 제 십자가를 지고 나를 좇을 것이니라"(눅 9:23)고 말씀하셨습니다. 바울은 "나는 날마다 죽노라"(고전 15:31)고 말했습니다. 성실은 작은 일에 충성하는 것입니다(마 25:21).

농부들이 많이 사용하는 기구 중에 낫이 있습니다. 이 낫은 사용하지 않고 그대로 두면 녹이 슬지만, 매일 사용하면 결코 녹슬지 않습니다. 마찬가지로 사탄 마귀는 불성실한 사람에게는 여러 가지 유혹을 할 수 있지만, 성실한 사람에게서는 유혹할 틈을 내기도 어렵습니다. 왜냐하면 "여호와께서 성실한 자를 보호하시고"(시 31:23), "성실은 자기를 인도"(잠 11:3)하기 때문입니다.

세계적으로 유명한 신학자인 벤자민 워필드(Benjamin B. Warfield)가 1921년 2월 16일 세상을 떠나기까지 34년 동안 프린스턴 신학교에서 학생들을 가르쳤습니다. 많은 사람들이 그의 유명한 '성경의 영감과 권위'(The Inspiration and Authority of the Bible)와 같은 책들을 잘 알고 있습니다. 그가 스물 다섯이었던 1876년에 애니 피어스 킨케드(Annie Pierce Kinkead)와 결혼하여 독일로 신혼여행을 떠났습니다. 맹렬한 풍랑 속에서 애니는 번개에 맞아 영구적인 불구가 되었습니다. 워필드는 1915년에 그녀가 세상을 떠날 때까지 무려 39년 동안 그녀를 간호해 왔습니다. 그녀는 절대적으로 다른 사람의 도움을 필요로 하는 상태였기 때문에, 워필드는 결혼생활 내내 두 시간 이상 집을 비운 적이 거의 없었습니다. 그의 아내는 결코 회복되지 않았습니다. 오로지 한 남자가 한 여자에게 39년 동안 보여준 인내와 성실함만이 있을 뿐이었습니다. 하지만 워필드는 로마서 8장 28절에 대해 글을 쓰면서 자신의 생각을 실었습니다. "당신에게 다가오는 모든 일들은 하나님의 다스리시는 손길 아래에 있습니다. 그분이 모든 것을 다스리신다면, 하나님께서 호의를 베푸시려는 자들에게 생겨나는 모든 일들은 오로지 선하고 좋은 것일 수밖에 없습니다.…또한 그분은 모든 것을 통치하시므로, 우리는 각자에게 일어나는 모든 일로부터 오로지 선한 것들만을 수확해야 합니다."

체코의 수도 프라하의 광장에 동상이 하나 있습니다. 그 동상은 종교개혁의 아버지라 불리는 후스(J. Hus)라는 유명한 순교자의 동상입니다. 그는 성경에 입각한 신앙양심을 외치다가 로마 교황에게 화형을 당했습니다. 그 동상 아래에는 네 마디의 문구가 새겨져 있습니다. "성실을 배웠다. 성실히 살았다. 성실을 사랑했다. 성실을 지켰다." 이 순교자에게는 성실이 전부였습니다. 말하는 것, 생각하는 것, 믿음, 생활, 인격이 전부 성실이었습니다.

우리도 요셉처럼 평생 하나님 앞에서 성실한 삶을 살아갑시다. 그리하여 하나님이 주시는 열매로 하나님께 영광을 돌리는 행동하는 신앙인으로 살아갑시다.

3. 용서하는 삶

요셉은 형제들의 잘못을 용서하는 사랑을 보여준 행동하는 신앙인이었습니다(5; 50:19-20). 흉년이 들어 모든 나라가 기근에 빠졌을 때 각국에서 양식을 구하려고 애굽으로 왔습니다. 요셉은 가까운 곳에 있는 형들과 아버지도 찾아올 줄 알고 기다리고 있었습니다. 드디어 열 명의 형들이 히브리말을 하며 양식을 구하러 왔습니다. 자기를 팔았던 지난 일을 생각하면 그 무엇으로도 보복할 수 없을 텐데도 열 형제들을 보자 말할 수 없이 반가웠습니다. 요셉은 형들을 알아보았지만 일일이 신분을 확인했습니다. 어디서 왔으며, 이름은 무엇이며, 아버지는 누구이며, 형제가 몇 명인지도 물었습니다. 그리고 왜 13남매 중에서 열 명만 왔는지도 물었습니다. 형들은 집에 여동생이 한 명 있고, 막내 동생은 아버지가 매우 귀하게 여겨서 아버지와 함께 있다고 말했습니다. 그러면 다른 한 명은 어찌 되었는지도 물었습니다. 그러자 그는 행방불명이라고 대답했습니다. 그러자 요셉은 수상하니 정탐꾼일 수 있다 하여 감옥에 가두었습니다. 그리고 삼 일 후에 "아버지가 기다리시니 용서해 줄 테니 양식을 가지고 가되, 그 대신 막내를 데리고 오너라. 그래야 너희가 독실한 사람인 줄을 알겠다. 양식은 그때 주겠다"고 말했습니다(42:18-20). 그리해서 둘째인 시므온은 인질로 잡히고, 아홉 명은 양식을 가지고 아버지께로 가서 요셉의 말을 그대로 전했습니다. 총리가 우리 가정에 대하여 자세히 물으며 막내 요셉을 데리고 오라고 했다는 말도 전했습니다. 아버지 야곱은 막내 베냐민을 보내지 않으려고 했지만, 양식이 떨어졌으니 더 이상 버틸 수가 없었습니다. 베냐민을 보낼 때 요셉이 형들의 자루에 넣어준 보화를 그대로 싣고 선물까지 준비해서 떠났습니다. 요셉은 열 한 명의 형제들을 다 만났습니다. 요셉은 자신의 신분을 밝힌 뒤 모든 형제를 안고 함께 울었습니다. 그리고 잔치를 베풀 때에 르우벤부터 형들의 자리를 순서대로 앉히며 그들의 이름을 기록했습니다. 요셉의 위대함은 형제를 용서하는 행동에 있습니다. 마음으로 용서하더라도 행동으로 나타내기는 쉽지 않습니다. 그러나 요셉은 이미 마음으로 용서했을 뿐만 아니라 그것을 행동으로 보여주었습니다. "당신들이 나를 이곳에 팔았으므로 근심하지 마소서 한탄하지 마소서 하나님이 생명을 구원하시려고 나를 당신들 앞서 보내셨나이다"(5) 이 말씀은 "형님들이 나를 판 것이 아니라 하나님이 우리 가족을 애굽으로 인도하시려고 저를 먼저 보내셨습니다. 하나님이 오늘날과 같은 가난과 흉년을 대비하여 우리 가족을 구하시려고 나를 이곳에 보내어 축복하신 것입니다. 형님들은 죄가 없으니 걱정하지 마십시요. 이제 속히 가셔서 우리 아버지를 모시고 오십시요. 금수레를 보내겠습니다. 우리 가족의 모든 생활은 제가 맡겠습니다"란 말입니다. 그래서 양식과 보물을 수레에 싣고, 말을 타고 가서 아버지 야곱을 모셔오게 했습니다. 그리고 약속대로 고센 땅에서 목축을 하며 편안히 살게 했습니다. 그리고 사는 날 동안에도 형제들의 잘못에 대해 더 이상 언급하지 않았습니다. 그는 진정 형제들을 용서했고, 그 용서를 행동으로 보여준 신앙인이었습니다. 이것은 하나님을 신뢰하고, 그분과 동행하는 가운데 연단 받은 성숙된 신앙인의 모습입니다. 우리도 이와 같이 성숙한 자가 되어 우리에게 잘못한 자들을 먼저 용서해 주도록 힘써야 하겠습니다(눅 6:37).

베드로가 예수님께 질문을 했습니다. "예수님, 형제가 나에게 죄를 범하면 몇 번이나 용서해야 합니까? 일곱 번까지 해야 합니까?" 베드로가 일곱 번까지 용서하면 되는지 물은 것은 칭찬받을 만한 질문이었습니다. 그러나 예수님은 이 질문에 이렇게 대답하셨습니다. "일곱 번뿐 아니라 일흔 번씩 일곱 번이라도 용서하라"(마 18:21) 이 말씀은

490회 용서하라는 말이 아니라 무제한적으로 용서하라는 말입니다.

우리는 누구에게나 마음 한 구석에 응어리가 있습니다. 남편, 아내, 자녀, 직장의 상사나 동료, 심지어 교회 내의 아무개 때문에 가슴이 답답하기도 합니다. 그 사람으로 인한 상처가 너무 깊어 도저히 용서할 수 없습니다. 사람의 마음에 상처와 미움과 분노가 쌓이면, 그것들이 서로 얽혀서 점점 자라나 나중에는 증오가 되어 엄청난 참사를 빚을 수도 있습니다. 내게 피해를 주고 상처를 준 사람을 용서한다는 것이 쉽지 않습니다. 그러나 누구를 위해서가 아니라 자신을 위해서 용서하며 살아야 합니다. 하나님께서 우리의 죄를 용서하지 않으시고, 예수님을 통해 구원의 길을 제시하지 않으셨다면, 이 세상에서 구원받을 사람은 아무도 없습니다. 하나님께서 우리를 용서해 주셨기 때문에 우리가 그 분의 자녀가 되었고, 또 하나님의 사랑에 힘입어 은혜의 생활을 할 수 있게 된 것입니다. 주님은 말씀하셨습니다. "누가 뉘게 혐의가 있거든 서로 용납하여 피차 용서하되 주께서 너희를 용서하신 것과 같이 너희도 그리하고 이 모든 것 위에 사랑을 더하라 이는 온전하게 매는 띠니라"(골 3:13-14) 우리는 그리스도이신 예수님의 사랑에 큰 빚을 진 사람들입니다. 이제 남편, 아내, 자녀, 부모, 이웃들이 준 작은 상처들을 예수님의 사랑에 의지하여 다 용서하시길 바랍니다. 그래서 여러분이 예수님 안에서 화목한 가정, 승리하는 생의 주인공이 되기를 하나님은 원하십니다.

KAL기 폭파범으로 체포된 김현희 씨가 KAL 858기의 탑승객 115명의 유가족들의 울부짖음을 뒤로하고 재판을 받기 위해 법정 안으로 들어갔습니다. 그의 머리에는 수많은 회한과 상념들이 필름처럼 스쳐

지나갔습니다. '북에 있는 부모형제의 생각에서부터 26세의 꽃다운 나이에 초대소에서 공작교육을 받던 일, 비행기 폭파 후 바레인 공항에서 체포되는 순간 청산염이 든 독약 캡슐을 입에 넣고 깨물었을 때 불과 몇 초 후면 바르르 떨며 즉사했어야 하는데도 죽지 않은 일, 차라리 그때 죽었더라면 이렇게 죽음보다 더 크고 고통스런 죄책감은 없을 텐데, 재판은 받으나마나 사형일 텐데….' 그리고 어느 날 형장에서 싸늘한 시체로 변한 자신의 비참한 모습까지도 생각했습니다. 공포와 불안에 떨고 있는 김현희의 무릎 위에 누군가가 성경을 올려놓았습니다. 다만 고개를 떨군 채 시야에 들어온 성경을 몇 줄 읽었습니다. 그런데 그 말씀이 참으로 신비스러운 감동을 주었습니다. '이 세상에 이렇게 좋은 말씀이 어떻게 이런 책에 기록되어 있을까?' 조금 전까지만 해도 공포로 반죽음이었는데, 성경을 읽고 나니 이루 형언할 수 없는 위로와 평강을 얻게 되었습니다. 그녀는 죄를 짓고 애통해하는 다윗의 신앙고백을 읽었습니다. "나의 죄악을 말갛게 씻기시며 나의 죄를 깨끗이 제하소서"(시 51:2), "하나님이여 피 흘린 죄에서 나를 건지소서"(시 54:14) 다윗이 하나님께 지은 죄를 회개하는 내용을 읽을 때 그녀는 목이 메었습니다. 그리고 계속해서 예수 그리스도가 이 땅에 오신 것은 '의인을 부르러 온 것이 아니요 죄인을 불러 회개시키러' 오셨다는 말씀 앞에 가슴이 울컥했습니다(눅 5:32). 그날 예상대로 사형언도가 내려졌고, 김현희는 주님 앞에 죄인임을 고백하고 애통하며 울기 시작했습니다.

그 후 1990년 4월 12일, 저녁 7시 뉴스가 전해졌습니다. "정부는 오늘 KAL 858기 폭파범 김현희에게 특별사면을 단행했습니다." 이 소식을 들은 국민 대부분이 비슷한 생각을 했을 것입니다. 인도적인 차원에서 죽이는 것보다 살려 주는 것이 나을 것이며, 비극적인 역사의 비밀을 알고 있는 증인이 생존해 있는 것이 오히려 국익의 차원에서도 좋을 것으로 생각했을 것입니다. 사면 소식을 접한 김현희는 그가 쓴 고백록 '이제 여자가 되고 싶어요'에서 이렇게 술회하고 있습니다. "사면을 받아 다시 살아난 것이 기쁘지만 평생을 유족들 앞에 죄인으로 살아갈 일이 암담하기에 설움이 북받쳐 흐느껴 울고 또 울었다." 그 후 김현희는 예수님을 자기의 구세주로 믿어, 죄 사함과 새 생명을 얻은 그리스도인이 되었습니다. 그녀가 성경공부를 통해 예수님을 영접하게 된 곳은 로마서 5장 6-11절 말씀입니다. "첫째, 연약할 때에 기약대로 그리스도께서 경건치 않은 자를 위해 죽으셨습니다. 둘째, 죄인 되었을 때에 그리스도께서 우리를 위해 죽으심으로 자기의 사랑을 확증하셨습니다. 셋째, 원수 되었을 때에 그 아들의 죽으심으로 말미암아 하나님으로 더불어 화목 되었은즉 화목된 자로서는 더욱 그의 살으심을 인하여 구원을 받을 것입니다." 우리가 하나님 앞과 여러 사람들 앞에 몹쓸 짓을 많이 한 원수의 자리에 있을 때에도 하나님은 나를 사랑하셨다는 말씀입니다.

우리는 모두 연약한 죄인의 신분입니다. 하지만 하나님은 인간을 구원할 계획을 세우시고, 기약대로 예수님을 보내사 인간의 죄를 십자가에서 담당하시고 죽으셨다가 부활하게 하셨습니다. 그래서 믿는 자는 특별사면을 받는 것입니다. 죄인의 모습 그대로 주님 앞으로 나오면 주 안에서 한 없는 용서와 위로와 평안과 새 생명을 얻게 됩니다.

많은 의학적 통계에 따르면 인간의 질병은 용서하지 않는 마음에서 생긴다고 합니다. 정신과 의사 메닝거는 인간의 모든 질병의 70%는 스트레스에서 오고, 그 스트레스의 90%는 정신적 질병, 곧 미움과 증오와 용서의 결핍에서 온다고 합니다. 미움과 증오와 용서의 결핍이 결국 암, 고혈압, 심장병, 뇌졸중, 치매, 우울증 등의 원인이 됩니다. 용서가 가져다주는 가장 큰 선물이 있다면 마음의 평안입니다. 용서하면 건강도 따라 옵니다. 그래서 용서가 과거는 해결하지 못할지언정 미래는 해결해 줍니다.

워털루 전투에서 프랑스의 나폴레옹 군을 격파한 사령관인 영국 국민의 영웅 웰링턴 장군의 이야기입니다. 한번은 그가 상습적인 탈영병 부하에게 사형선고를 내려야만 했습니다. 웰링턴은 그에게 이렇게 말했습니다. "나는 너를 교육도 시켜보았다. 나는 너와 상담도 해보았다. 나는 너를 처벌도 해보았다. 나는 네게 매우 심한 벌도 주어보았다. 그런데 너는 돌이키지 않았고 새로워지지도 않았다. 별수 없이 너는 죽어야 한다." 바로 그때 장군의 부하 중 한 명이 충언했습니다. "각하, 각하께서는 아직 이 사람에게 한 가지 시도하지 않은 것이 있습니다." 놀란 장군이 물었습니다. "아니, 내가 아직 시도하지 못한 것이 있다는 말인가?" "각하, 각하께서는 이 사람을 용서해 보셨습니까?" 웰링턴 장군은 고민에 잠겼습니다. 그 마지막 한 가지를 행할 수밖에 없었습니다. 그 후 탈영병은 변화되어 장군의 충성스런 부하가 되었습니다.

우리도 영혼을 사랑함으로 용서할 때 그 영혼을 구원할 수 있습니다. 우리의 가족, 친구, 이웃에게도 요셉처럼 적극적으로 용서를 실천해야 합니다. 영혼 구원을 위해 용서를 행동으로 옮길 때 많은 영혼을 구원할 수 있을 것입니다.

마더 테레사 수녀가 갈등을 겪고 있는 부부에게 충고해 달라는 요청을 받았을 때 이렇게 말했습니다. "기도하고 용서하십시오. 폭력적인 부모 밑에서 자란 젊은이들에게 저는 늘 이렇게 말합니다. '기도하고 용서하십시오.' 또한 가족에게 아무런 도움도 받지 못하는 어머니들에게도 말합니다. '기도하고 용서하십시오.'

어디에 사느냐보다 어떻게 사느냐가 중요합니다. 사람들은 일반적으로 어디에 사느냐에 관심이 많습니다. 즉 삶의 태도보다 삶의 환경에 더 무게를 두고 있습니다. 어떤 생활을 하느냐보다 어떤 집에 사느냐에 더 무게를 둡니다. 어느 직장에 다니느냐를 어떤 일을 하느냐보다 더 중요시 하고, 얼마나 많은 돈을 버느냐를 얼마나 보람된 일을 하느냐보다 더 우선시 합니다. 그래서 평생 삶의 환경을 가꾸는 일을 위해 노력하면서 서로 삶의 조건을 경쟁합니다. 그리고 그것을 성공의 잣대로 생각하는 경우가 많습니다. 사람 중에는 어디에 사느냐에 목적을 가진 사람도 있고, 어떻게 사느냐에 목적을 가진 사람도 있습니다. 요셉은 어디에 사느냐보다 어떻게 사느냐를 보여준 사람입니다. 하나님은 요셉을 통해 사람이 어디에 사느냐가 중요한 것이 아니라, 어떻게 사느냐가 더 중요하다는 사실을 우리에게 가르쳐 주십니다.

역사적으로 보면 위대한 사람들은 어디에 사느냐 하는 것보다, 어떻게 사느냐에 삶의 초점이 맞추어져 있었습니다. 너무도 가난한 가정에서 자랐지만 미국 역사상 가장 위대한 대통령이 되었던 링컨이나, 정규 학교에는 입학도 하지 못했던 프랭크린이나, 기계 공원 출신으로 자동차를 만든 포드나, 차가운 지붕 밑 다락방에서 쥐들과 더불어 살았던 디즈니와 같은 사람은 어떻게 사느냐에 삶의 초점을 맞추고 살았던 사람들입니다. 요셉은 어디에 사느냐보다 어떻게 사느냐에 삶의 무게를 두었기 때문에, 삶의 환경이 전혀 다른 곳에서도 언제나 한결 같은 삶을 살 수 있었던 것입니다. 성도의 삶이 세상 사람과 구별되는 것은 세상은 어디에 사느냐를 중요시 하지만, 성도는 어떻게 살아야 하는지를 중요시 한다는 점입니다.

상대가 누구냐 하는 것보다 내가 어떤 사람이냐가 더 중요합니다. 요셉이 만난 사람들은 대부분 요셉에게 좋은 사람이 못되었습니다. 형들에게 팔렸고, 보디발 아내의 유혹도 받았습니다. 뿐만 아니라 감옥에서 만난 왕의 신하도 남자답지 못했습니다. 그러나 그들은 모두 요셉에게 필요했던 사람들입니다. 그들이 훌륭해서가 아니라 요셉이 그들에게 훌륭했기 때문입니다. 사람은 누군가를 만날 때 상대가 누구냐에 관심이 많습니다. 그러나 믿음의 사람은 자신이 어떤 사람인가를 먼저 보는 사람입니다. 요셉이 누구를 만나도 하나님은 그들이 결국 요셉에게 복이 되게 하셨습니다. 상대가 악하다고 해서 그 사람이 나를 해칠 수는 없습니다. 내가 하나님 앞에 바른 모습을 지키게 되면, 그 사람의 악함까지도 내게 복이 되게 하시는 것을 경험하게 될 것입니다. 깊은 믿음을 가진 사람은 상대가 악할수록 자신의 믿음이 더 크게 드러났습니다.

우리는 행동하는 신앙인 요셉을 본받아야 합니다. 순결을 지키기 위해, 성실한 삶을 위해 행동하는 신앙인이 됩시다. 용서하는 삶을 적극적으로 실천하여 영혼을 구원하는 역사를 이루어 갑시다. 아멘.

²¹왕이 뭇백성에게 명하여 가로되 이 언약책에 기록된대로 너희의 하나님 여호와를 위하여 유월절을 지키라 하매 ²²사사가 이스라엘을 다스리던 시대부터 이스라엘 열왕의 시대에든지 유다 열왕의 시대에든지 이렇게 유월절을 지킨 일이 없었더니 ²³요시야왕 십 팔년에 예루살렘에서 여호와 앞에 이 유월절을 지켰더라 ²⁴요시야가 또 유다 땅과 예루살렘에 보이는 신접한 자와 박수와 드라빔과 우상과 모든 가증한 것을 다 제하였으니 이는 대제사장 힐기야가 여호와의 전에서 발견한 책에 기록된 율법 말씀을 이루려 함이라 ²⁵요시야와 같이 마음을 다하며 성품을 다하며 힘을 다하여 여호와를 향하여 모세의 모든 율법을 온전히 준행한 임금은 요시야 전에도 없었고 후에도 그와 같은 자가 없었더라

(열왕기하 23:21-25)

12

행동하는 신앙인 - 요시야

요시야가 왕이 된 시 18년이 되던 어느 날, 충성스런 신하 서기관 사반을 불렀습니다. 당시 서기관이란 직책은 왕의 비서로서 국정 전반의 주요 사건들을 일일이 기록하는 고위직 관리였습니다. 요시야왕은 서기관 사반을 불러 허물어지고 낡은 하나님의 성전을 깨끗이 수리하라고 명하였습니다. 요시야왕도 자신은 아름다운 고대광실에 살면서, 허름하고 퇴색된 하나님의 전을 바라볼 때 여간 마음이 아프지 않았

을 것입니다. 그래서 서기관 사반에게 하나님의 성전을 수리하도록 명령한 것이라 생각됩니다. 서기관 사반이 왕의 명을 따라 성전을 수리하던 중에 대제사장 힐기야가 율법책을 발견하여 사반에게 가져왔습니다. 오랜 세월이 흐르는 동안 유다 나라는 하나님을 버리고 우상을 섬기며 살아왔기 때문에, 하나님이 주신 율법책이 어디에 있는지 전혀 개의치 않았습니다. 그래서 율법책에 기록된 하나님의 뜻이 무엇인지도 깨닫지 못하고 악을 행하며 하나님을 멀리 했습니다. 그런데 이제 성전을 수리하던 중에 율법책을 발견하게 된 것입니다. 대제사장 힐기야로부터 율법책을 전해 받은 서기관 사반은 그 즉시 왕에게로 가서 성전 수리의 진척 상황을 보고하고, 왕 앞에서 율법책을 천천히 읽었습니다. 율법책에 기록된 하나님의 말씀을 듣던 요시야왕은 그 자리에서 벌떡 일어나 자신의 옷을 찢으며 통곡했습니다. 지금까지 유다 나라가 하나님 앞에서 얼마나 큰 죄 가운데 살았는지를 깊이 깨닫게 된 것입니다. 그리하여 유다 나라는 대대적인 개혁의 바람이 일기 시작하였습니다. 이것이 '요시야의 종교개혁' 입니다. 요시야는 하나님이 보시기에 정직하였고, 그 조상 다윗왕의 믿음을 따라 흔들림이 없이 하나님만 의지함으로 하나님의 돌보심을 받게 되었습니다. 하나님의 사랑을 받은 요시야는 충성스러운 신하들 사이에서 왕권을 더욱 견고히 세워가며 하나님의 뜻을 이루어 갔습니다. 개혁은 쉬운 일이 아닙니다. 특히 종교개혁은 더욱 힘이 듭니다. 그러나 하나님은 개혁되기를 원하십니다. 요시아는 위대한 종교개혁을 시행한 행동하는 신앙인이었습니다.

1. 유월절을 다시 회복시켰습니다

"왕이 뭇 백성에게 명하여 가로되 이 언약책에 기록된 대로 너희의 하나님 여호와를 위하여 유월절을 지키라 하매 사사가 이스라엘을 다스리던 시대부터 이스라엘 열왕의 시대에든지 유다 열왕의 시대에든지 이렇게 유월절을 지킨 일이 없었더니 요시야왕 십 팔년에 예루살렘에서 여호와 앞에 이 유월절을 지켰더라"(21-23)

유월절은 이스라엘 백성이 애굽의 노예생활로부터 탈출했던 역사적인 사건을 기념하기 위한 최대의 명절입니다(출 12:14). 유월절이 중요했던 까닭은 출애굽이 워낙 방대한 규모였다는 점도 있겠지만, 그것이 바로 하나님께서 이스라엘을 구원하시는 역사적 사건이었다는 점에서 그 의미가 더욱 큽니다. 그래서 하나님은 이 사건을 기념하기 위해 대대로 유월절을 지키도록 명령하신 것입니다. 그런데 그처럼 큰 명절을 겨우 여호수아가 가나안 땅을 정복할 때까지만 지키고, 사사시대 이후 열왕들의 시대가 다 마감될 때까지 전혀 지키지 못했습니다. 그러니까 전후 700여 년간은 공백 상태가 되어 버린 것입니다. 이것은 한 마디로 하나님을 믿는 신앙의 공백 상태라 할 수 있습니다. 그래서 요시야왕은 성전 구석에서 발견된 율법책을 다 듣고 무엇보다 먼저 유월절 회복을 서둘러 시행하였습니다. 왜냐하면 백성들에게 구원의 감격을 되찾아 주는 데는 유월절 기념보다 더 좋은 방법이 없었기 때문입니다. 이렇게 보면 요시야의 개혁운동은 제2의 출애굽 사건이라 할 수 있습니다. 유월절을 회복시킨 것은 예배의 회복이요, 예배를 위한 결단입니다. 유월절은 그들이 애굽에서 구출된 것을 기념하는 것일 뿐 아니라, 그들을 구출해 주신 하나님께 자신들을 봉헌하고, 하나님과 교제한다는 징표이기도 했습니다.

　유월절에는 세 가지 뜻이 담겨 있습니다. 첫째, 이 행동을 통해서 이스라엘 사람들이 구원을 받게 된다는 것입니다. 양을 잡고 그 피를 바르는 행동 자체에 효력이 있는 것은 아닙니다. 중요한 것은 모세가 전한 하나님의 말씀을 '믿는다'는 것입니다. 믿기 때문에 명령에 따라서 행동하는 것입니다. 믿고 삶으로 옮기는 사람에게 구원을 주십니다. 중요한 것은 하나님의 말씀을 믿고 따르는 것입니다. 둘째, 이 사건을 겪은 사람들은 평생 이 일을 기억하게 되리라는 것입니다. 유월절은 하나님의 은혜로 구원받은 '은혜 체험의 원형'입니다. 그런데 계속적인 감사와 자신의 생활을 드리는 헌신이 없으면 은혜는 지속되지 않습니다. 유월절은 늘 지금 일어나는 사건입니다. "너희는 여호와께서 허락하신 대로 너희에게 주시는 땅에 이를 때에 이 예식을 지킬 것이라"(출 12:25)는 말씀에 담긴 뜻이 이것입니다. 셋째, 아주 중요한 뜻이 유월절 사건에 담겨 있습니다. 유월절은 이어지는 모든 세대에 대대로 전해져야 합니다. "너희와 너희 자손이 영원히 지킬 것이니…"(출 12:24) 후손들이 유월절 예식이 우리에게 무슨 의미가 있느냐고 물을 때 하나님의 구원역사를 말해주라는 것입니다. 신앙 전승의 기능이 유월절 사건에 담겨 있습니다. 출애굽기의 유월절은 그리스도의 구원역사를 미리 보여주는 사건입니다. 유월절의 어린 양은 예수 그리스도를 상징합니다. 유월절의 삼중 의미는 우리가 구원받은 사건에도 적용됩니다. 우리가 하나님의 자녀가 된 사실을 감사와 헌신을 통해서 풍요롭게 만들어야 합니다. 그리고 이웃과 자손에게도 그 신앙을 전해야 합니다. 그러므로 우리는 마땅히 죄와 죽음으로부터 구원 받게 된 우리의 유월절을 먼저 회복해야 합니다. 유월절 회복은 예배의 회복입니다.

우리가 예배를 회복하려면 사모하는 마음을 가져야 합니다. 영어로는 예배를 워십 서비스(Worship Service)라고 합니다. 하나님을 섬기는 것이 곧 예배입니다. 예배는 서비스입니다. 예배를 소홀히 하는 것은 섬김을 포기하는 것이며, 하나님을 소홀히 여기는 것입니다. 그런 사람일수록 예배 횟수가 너무 많다는 둥, 예배시간이 길다는 둥 핑계하며 예배를 기피합니다. 그러나 예배는 단순한 요식이나 형식이 아닙니다. 하나님을 섬기는 것입니다. 하나님을 믿는 사람이 하나님을 섬기는 일을 싫어하거나 피하려고 한다면 진정한 예배의 회복은 불가능합니다. 예배는 우리의 삶에 있어서 매우 중요합니다.

두 사람의 마부가 수레에 짐을 싣고 먼 길을 떠났습니다. 한 사람은 주일이 되자 말과 같이 쉬면서 예배를 드렸습니다. 그러나 또 다른 사람은 '하루를 쉬면 얼마나 손해가 많은가' 하며 계속 말을 몰아 목적지를 향하였습니다. 그런데 목적지에 먼저 도착한 사람은 주일마다 꼬박꼬박 쉬면서 예배를 드렸던 마부였습니다. 믿지 않는 마부는 며칠이 지난 후에 말도 마차도 없이 기진맥진한 상태로 도착하였습니다. 이 마부는 쉬지 않고 계속해서 말을 몰았기 때문에 말도 병이 나고, 마차도 고장 나서 겨우 혼자 도착하게 된 것입니다. 또 다른 이야기가 있습니다. 신앙심이 깊은 한 흑인이 어느 주일에 교회에 가려고 일어서자 주위의 사람들이 만류하였습니다. 이 흑인은 류머티즘으로 고생하고 있었기 때문에 날씨도 춥고 비도 오니까 쉬라는 것이었습니다. 그는 친구들의 만류를 뿌리치며 말했습니다. "나는 오늘 반드시 교회에 가야 한다네. 하나님의 은총이 오늘 예배드릴 때 내려올지 어찌 알겠는가? 나는 그 은총을 놓칠 수 없다네."

하나님께서 인간에게 복을 주시기 위해서 특별히 구별한 거룩한 날이 바로 주일입니다. 그러므로 우리는 주일 예배를 사모해야 합니다. 이것이 예배의 회복입니다. 영적으로 건강하게 신앙이 자라기를 원한다면 섬기는 일을 많이 해야 합니다. 예배는 하나님과의 만남이며, 교제이며, 섬김입니다. 예배를 소홀히 하는 것은 이 모든 것을 소홀히 하는 것입니다. 예배에 빠지면 안 됩니다. 우선순위를 예배에 두고, 최선을 다하여 정성껏 예배드려야 합니다. 그리고 예배시간을 잘 지켜야 합니다. 그래야 하나님께서 받으실 만한 향기로운 예배가 됩니다. 행동에 옮기는 신앙생활은 우리를 건강하게 하고 삶의 활력을 불어넣는 원동력이 됩니다.

조선시대 왕들의 평균 수명은 47세였다고 합니다. 여러 가지 원인이 있겠지만 과로와 주색에 빠져 사는 것이 주된 원인이었다고 합니다. 그 외에 빼놓을 수 없는 원인 중 하나가 운동부족입니다. 식사도 궁녀들이 가져다주고, 세수까지 궁녀들이 시켜주었기 때문에 왕들은 운동할 기회가 없었습니다. 왕의 삶은 섬김을 받기만 했지 몸을 움직여 섬길 기회가 없었습니다. 그것이 편하고 좋은 듯했지만 단명의 원인이 되었습니다. 우리는 하나님께 예배드리는 일에도 열심을 내어야 합니다. 예배를 드리기 위해 힘쓰는 사람이 건강하게 장수할 수 있습니다.

지미 카터 대통령이 대통령 출마를 위해 선거 유세를 하는 −웬만하면 표를 얻기 위해서라도 큰 교회에 나가야 하겠지만- 바쁜 일정에도 고향 조지아주에 있는 작은 교회에 출석했습니다. 그는 23년 동안 개근하며 어린이들을 가르쳐 왔습니다. 카터는 20명의 어린이들 앞에서 성경을 가르치며 경건히 예배를 드렸습니다. 70명의 기자들이 몰려오자 카터가 이런 말을 했다고 합니다. "이렇게 찾아 주시니 고맙습니다만, 다음 주일부터는 여러분이 출석하는 교회에 나가십시오."

아무리 바빠도 예배가 우선되어야 합니다. 하나님 앞에 바르게 예배함이 없다면 우리의 삶은 의미가 없습니다. 예배를 사모하는 삶이 예배를 회복하게 합니다. 그러기 위해 행동에 옮겨야 합니다. 우리 교회의 집사님 한 분도 매 주일 예배를 드리기 위해 제주도에서 올라옵니다. 하나님이 기뻐하시는 행동입니다. 우리 자신과 우리 가족의 예배생활을 점검해 봅시다. 자녀들의 예배생활은 어떠합니까? 예배는 우리의 신앙생활에서 가장 중요한 부분입니다.

우리의 유월절을 회복합시다. 우리 모두 우리의 예배를 회복하고, 예배를 통한 하나님의 은혜와 축복을 체험하며 살아가는 행동하는 신앙인이 됩시다.

2. 우상을 제거했습니다

"요시야가 또 유다 땅과 예루살렘에 보이는 신접한 자와 박수와 드라빔과 우상과 모든 가증한 것을 다 제하였으니 이는 대제사장 힐기야가 여호와의 전에서 발견한 책에 기록된 율법 말씀을 이루려 함이

라"(24)

　요시야왕은 우상단지를 남김없이 멸하였습니다. 당시 하나님의 성전 안에 바알과 아세라상과 하늘의 일월성신을 섬기던 기명들이 있었습니다(4절 이하). 이것은 커다란 죄악입니다. 그래서 요시야왕은 단호히 그와 같은 우상의 기명들을 성전에서 내어다 모조리 불사르고, 우상을 섬기던 제사장들을 모두 폐하고, 아세라상을 불사르고, 우상을 숭배하던 산당들을 헐고, 돌로 만든 석상을 깨뜨리고, 나무로 만든 목상들을 찍어서 불태웠습니다. 이처럼 요시야왕이 종교개혁을 하면서 첫 번째 단행한 것은 우상들을 모조리 제거하는 일이었습니다. 이어서 그는 우상을 숭배하는 제사장들을 모조리 폐하였고, 각처에 흩어져 있던 신상들을 전부 가루로 빻았으며, 산당들을 모조리 없앴습니다. 특히 그때까지 힌놈의 골짜기에서 자행되었던 자녀들을 불살라 바치는 몰록숭배의 제사행위를 깨끗이 일소시켜 버렸습니다. 또 그는 태양숭배의 도구들인 말과 수레들을 불살랐으며, 솔로몬이 숭배하던 잔재까지 모조리 없앴습니다. 유다 백성들의 가장 큰 죄악은 바로 우상숭배였습니다. 이것은 하나님이 가장 싫어하시고 미워하시는 죄입니다. 하나님께서 주신 십계명 중에 그 첫째가 "나 외에는 다른 신들을 네게 있게 말지니라"(출 20:13)입니다. 다음은 "너를 위하여 새긴 우상을 만들지 말고…그것들에게 절하지 말며 그것들을 섬기지 말라"(출 20:4-5)입니다. 하나님은 우상숭배를 가장 가증스럽게 여기십니다. 그러므로 성도는 마땅히 우상을 멀리해야 합니다.

　오늘날 하나님보다 더 높이고 더 가치 있게 생각하는 것은 다 우상에 해당됩니다. 하나님 자리를 대신 하는 것은 다 우상입니다. 우상은 돌이나 나무를 섬기거나, 또는 점쟁이를 찾거나 미신을 섬기는 것만이 아닙니다. 하나님보다 더 사랑하는 것은 무엇이든 우상이 됩니다. 돈, 학문, 명예, 지식, 부모, 자식도 우상이 될 수 있습니다. 하나님은 우상을 가장 싫어하십니다. 하나님은 구원받은 백성들이 하나님을 첫 자리에 모시고 사랑하기를 원하십니다. 그러므로 우상은 과감히 척결해야 합니다. 먼저 우리 속에 있는 우상을 타파해야 합니다. 우리는 우상들을 완전히 우리의 심령 속에서 없애야 합니다.

오늘날 많은 사람들이 돈을 우상화합니다. 성경은 말씀합니다. "돈을 사랑함이 일만 악의 뿌리가 되나니 이것을 사모하는 자들이 미혹을 받아 믿음에서 떠나 많은 근심으로써 자기를 찔렀도다"(딤전 6:10) 이 말씀도 자세히 살펴보면 돈 자체를 경원시 하라는 말이 아님을 알 수 있습니다. '돈을 사랑함이 일만 악의 뿌리'라 했지, '돈이 일만 악의 뿌리'라고 하지 않았습니다. 예수님도 하나님과 재물을 겸하여 섬길 수 없다고 말씀하셨습니다. 하나님은 우리의 삶이 하나님을 섬기는 삶이 되기를 원하십니다. "누구든지 자기의 모든 소유를 버리지 아니하면 능히 내 제자가 되지 못하리라"(눅 14:33)고 예수님은 분명히 말씀하셨습니다. 이 말씀은 번 돈을 버리라는 말이 아니라, 그 돈의 노예가 되지 말라는 말입니다. 또 누가복음 16장에 나오는 부자와 거지의 비유에서도 부자가 돈이 많아 지옥에 갔고, 거지는 돈이 없어 천국에 간 것이 아닙니다. 부자는 믿음이 없어 지옥에 갔으며, 거지 나사로는 믿음이 있었기 때문에 아브라함의 품에 안긴 것입니다. 이처럼 성경은 돈 자체를 죄악시하기보다 그것을 가진 사람들의 자세를 더 중요하게 여깁니다. 돈을 어떻게 벌며 그 돈을 어떻게 잘 사용하느냐가 중요합니다. 우리는 최선을 다해서 돈을 모으되, 쓰는 것 역시 하나님의 뜻에 맞게 잘 써야 합니다.

그러면 돈을 어떻게 쓰는 것이 가장 가치 있게 쓰는 것입니까? 그 해답은 마태복음 6장 33절에 있습니다. "너희는 먼저 그의 나라와 그의 의를 구하라 그리하면 이 모든 것을 너희에게 더하시리라" 하나님의 나라와 의를 구하는데 쓰는 것입니다. 나의 영화와 출세를 위해서가 아니라, 하나님의 의를 위해 쓸 때 우리는 진정 하나님을 섬기는 자들이 됩니다. 그렇지 않으면 돈이 우리의 우상이 될 수 있습니다. 앤드루 머레이는 이런 말을 했습니다. "세상은 '무엇을 소유했는가'라고 묻는다. 하지만 그리스도는 '어떻게 쓸 것인가'를 묻는다."

돈을 얼마나 가지고 있느냐보다 어디에 사용하느냐가 중요합니다. 버클레이는 이렇게 말했습니다. "하나님은 버는 돈을 계산하시지 않고 쓰는 돈을 계산하신다." 미국에서 제일 돈을 많이 벌었던 부자는 록 펠러입니다. 그는 자신의 재산 관리 철학을 이렇게 말했습니다. "나는 돈의 창고를 맡은 청지기이다. 따라서 이 돈을 하나님의 뜻대로 사용할 권리밖에 없다." 그는 돈을 옳게 버는 것도 중요하지만, 번 돈을 옳게 쓰는 것의 중요성을 잘 알고 실행한 사람이었습니다. 문제는 우리 마음입니다. 모든 것은 우리의 마음에서 나옵니다. 우리의 마음은 우상을 만들어 내는 공장과 같습니다.

어떤 남자가 3,000달러만 허락해 주시면 1,000달러는 병든 자를 위하여 쓰고, 1,000달러는 가난한 자를 돕는데 쓰고, 500달러는 헌금하고, 나머지 500달러는 자기가 쓰겠다고 하나님께 간절히 기도했습니다. 그 기도가 응답되었는지 그의 삼촌이 세상을 떠날 때 3,000달러를 유산으로 남겼습니다. 돈을 쥔 이 남자가 하나님과 약속한 대로 병자를 위해 1,000달러를 쓰려고 하자 생각이 달라졌습니다. 돈을 쥔 남자는 '병원의 환자들은 의사가 잘 돌봐줄 텐데…' 하는 마음이 들었습니다. 그러고 보니 자기가 제일 몸이 약해 보였다는 것입니다. 그러니 그 1,000달러는 자기의 것이라고 했습니다. 또한 자기가 제일 가난한 사람이란 생각이 들었습니다. 그래서 가난한 사람들을 돕겠다던 그 1,000달러도 자기 몫으로 챙겼습니다. 나머지 500달러는 원래 자기의 몫이었으므로 챙겼고, 나머지 500달러는 계획한 것이 있어 돈이 더 많이 생기면 헌금하겠다고 했습니다. 결과적으로 3,000달러는 다 자기 차지가 되었습니다.

돈을 멀리 놓고 보면 세상도 보이고 돈도 보이지만, 눈앞에 바짝 대고 보면 세상은 보이지 않고 돈만 보이게 됩니다. 그러므로 우리는 성령으로 충만해야 합니다. 성령이 우리 마음을 다스려야 합니다. 하나님보다 더 사랑하는 것이 있으면 그것은 다 우상입니다. 그러므로 우리는 이 우상을 우리 마음에서 떠나보내야 합니다. 이 우상을 제거하기 위해 매순간 행동해야 합니다. 요시야처럼 과감하게 우상을 제거함으로 하나님을 더욱 더 사랑하는 행동하는 신앙인이 되길 기원합니다.

3. 율법을 온전히 지켰습니다

"요시야와 같이 마음을 다하며 성품을 다하며 힘을 다하여 여호와를 향하여 모세의 모든 율법을 온전히 준행한 임금은 요시야 전에도 없었고 후에도 그와 같은 자가 없었더라"(25)

요시야왕이 회개하고 우상을 타파한 것은 율법을 이루기 위해서였습니다. 오늘 본문 24절 하반절에서 '여호와의 전에서 발견한 책에 기록된 율법 말씀을 이루기 위해' 서라고 그 이유를 성명하고 있습니다. '율법을 이룬다' 는 말씀은 하나님의 말씀을 준행한다는 뜻입니다.

요시야왕은 전무후무할 정도로 전심으로 하나님의 말씀을 준행했습니다. 여기에 그의 위대함이 나타납니다. 얼마나 요시야왕의 신앙이 뜨거웠는지를 보여주는 구절이 바로 25절 말씀입니다. "요시야와 같이 마음을 다하며 성품을 다하며 힘을 다하여 여호와를 향하여 모세의 모든 율법을 온전히 준행한 임금은 요시야 전에도 없었고 후에도 그와 같은 자가 없었더라" 요시야는 전심으로 하나님의 법을 순종하였습니다. 요시야왕이 하나님을 섬기는 자세가 어떤 것인가를 몸소 실천하여 보임으로써 개혁운동이 절정을 이루었습니다. 그는 제사장 힐기야가 발견한 율법책의 가르침을(성경 말씀) 그대로 준행함으로써 모범을 보였습니다. 다시 말하면 왕이 성경으로 돌아가서 성경이 가르치는 대로 하나님을 섬기는 본을 보였다는 말입니다. 요시야왕은 율법을 준행함으로써 하나님을 어떻게 섬겨야 하는지를 가르쳐 주었습니다.

참된 신앙인은 하나님의 율법을 실행하는 사람입니다. 하나님의 율법을 한 마디로 말한다면, 전심으로 하나님을 사랑하는 것이라 할 수 있습니다. 예수님도 말씀하셨습니다. "예수께서 가라사대 네 마음을 다하고 목숨을 다하고 뜻을 다하여 주 너의 하나님을 사랑하라 하셨으니 이것이 크고 첫째 되는 계명이요 둘째는 그와 같으니 네 이웃을 네 몸과 같이 사랑하라 하셨으니 이 두 계명이 온 율법과 선지자의 강령이니라"(마 22:37-40) 하나님을 사랑하고 섬기는 것이 온 율법과 선지자들의 교훈의 핵심이요, 요체요, 전부였습니다. 한 마디로 말해서 모든 것을 다 바쳐 하나님을 사랑하고 섬기는 것이 신앙생활의 전부란 말입니다. 요시야는 자기중심이 아니라 성경중심이었으며, 말만 하는 것이 아니라 몸소 실천했습니다.

행동하는 신앙인은 하나님의 말씀을 사랑하고 지킵니다. 우리는 하나님의 말씀의 절대성을 믿어야 합니다. 기록된 하나님의 말씀인 성경은 신앙과 생활의 유일한 표준입니다. 그러므로 말씀의 경계선을 넘지 않는 동시에 말씀을 사랑하고 지켜야 합니다. 우리는 마음을 다하고, 성품을 다하고, 힘을 다하고, 목숨을 다하여 하나님을 사랑하고 섬기는 성도들이 됩시다. 이것이 개혁입니다.

1517년 10월 31일, 독일의 비텐베르크성당 정문에 마틴 루터가 95개 조항의 반박문을 붙이는 것을 계기로 역사적인 '종교개혁'이 시작되었습니다. 마틴 루터가 젊었을 때 아우구스티누스파의 수도원에 들어가 수도사가 되었습니다. 매일 규칙적인 생활을 하며 신학을 공부하여 1507년에는 카톨릭 신부가 되었습니다. 그가 철학 강사와 신학부 교수로 일하다가, 로마 카톨릭교회의 제도와 실태에 깊은 실망을 느껴 구체적인 개혁사상을 정리해 나갔습니다. 마침내 1517년 10월 31일, 독일의 비텐베르크성당 정문에 '95개 조항의 반박문'을 써서 무엇이 진리인지 토론할 것을 제의하였습니다. 이 사건은 개혁을 갈망하던 시대적 흐름을 타고 종교개혁의 불을 지폈습니다. 그 당시의 교회는 카톨릭이었는데, 사제들의 타락과 부조리가 만연해 있었고, 성경보다는 인간이 만든 제도 속에서 성직매매가 이루어졌으며, 버젓이 '죄를 용서해 준다'는 면죄부가 판매되었습니다. 이러한 비리와 부정을 목격한 루터가 카톨릭에 대항하여 '95개 조항의 반박문'을 내걸었습니다. 그 내용은 한 마디로 '성경으로 돌아가자'는 것이었습니다. 진리가 아닌 것은 버리고, 진리 위에 굳게 설 것을 항변하는 내용이었습니다. 그는 인간의 노력과 공로로 구원에 이르는 것이 아니라, 오직 예수 그리스도를 믿음으로 죄 사함을 받아 하나님의 은혜로 구원에 이른다는 사실을 주장했습니다. 이에 대해 로마 교황청은 1521년에 루터의 사제직을 박탈하고 카톨릭에서 영원히 추방시켰습니다. 그리고 교황의 명령에 도전했다는 이유로 독일 황제로부터 유죄 판결을 받고 쫓겨다니는 신세가 되었습니다. 때로는 너무 힘이 들어 종교개혁의 선봉장이 되는 것을 포기하고 싶을 때도 있었지만, 하나님의 전적인 도우심과 불굴의 신앙으로 성공적으로 이끌어 갔습니다. 이 종교개혁을 통해서 우리가 속해 있는 기독교, 즉 개신교가 탄생하게 되었습니다. '개신교'란 말에는 잘못된 것을 새롭게 고친다는 뜻이 있습니다. 즉 카톨릭의 잘못된 교리를 배척하고, 성경에서 말하는 진리를 수호하는 차원에서 개신교가 태동하게 된 것입니다. 종교개혁의 3대 원칙을 '오직 성경, 오직 믿음, 오직 은혜'로 요약할 수 있습니다. '오직 믿음'(sola fides)은 어떤 교리에 단순히 지적으로 동의하는 것을 말하는 것이 아닙니다. 우리의 구주이시며 주님이신 그 분을 개인적으로 신뢰하는 것을 말합니다. 우리는 그분을 신뢰하기 위해 자신에 대한 확신을 버려야 합니다. 전 삶의 방향을 재조정해야 한다는 것입니다. '오직 은혜'(sola gratia)는 자기의 의(selfrighteousness)를 포기하는 것입니다. 우리는 자신의 선함을 의지할 수 없습니다. 자기에게 있는 모든 자랑거리를 십자가에 못 박아야 합니다. 왜냐하면 우리는 하나님의 정당한 진노와 정죄 아래 있던 상태에서 그분의 의로 구속되었기 때문입니다. '오직 성경'(sola scriptura)은 하나님의 말씀을 인간의 의견보다 우위에 두는 것을 말합니다. 인간의 의견이 성경에서 가르치는 것과 대치될 때에는 더욱 그렇습니다.

우리는 자신의 생각과 성향을 하나님의 말씀의 권위에 복종시켜야 합니다. 우리는 "모든 이론을 파하며, 하나님을 아는 것을 대적하여 높아진 것을 다 파하고, 모든 생각을 사로잡아 그리스도께 복종케" 해야 합니다. 오늘날의 종교개혁은 말씀을 이루는 것입니다. 개혁이란 (Reformed) 다시(Re)와 형태(form)의 합성어입니다. 곧 교회는 초대교회로, 신앙은 성경으로 돌아가자는 운동이 개혁입니다. 개혁은 하나님의 말씀을 이루게 하는 것, 즉 말씀으로 돌아가는 운동입니다. 성경이 말씀하시는 대로 하나님께 예배드리고, 성경이 말씀하시는 대로 행하고, 성경이 말씀하시는 대로 버릴 것을 버리는 것입니다. 그러면 하나님과의 교제가 열리고 은혜와 복을 받게 됩니다. 그러므로 우리는 사도 바울처럼 '나는 날마다 죽노라'(고전 15:31)는 심정으로 삶 속에서 개혁해야 합니다.

어떤 사람이 이런 고백을 했습니다. 그는 개혁을 꿈꾸는 사람이었습니다. "나는 젊은 시절에 혁명가였으며, 하나님께 드리는 나의 기도는 이것이 전부였다. '주여, 내게 세상을 개혁할 힘을 주소서.' 중년에 이르러 한 사람의 영혼도 고쳐 놓지 못한 채 나의 반생이 흘렀음을 깨달게 되자 나의 기도는 이렇게 달라졌다. '주여, 나와 접촉하게 되는 모든 사람들을 변화시킬 은총을 주소서. 그저 가족과 친지들만 개종시켜도 만족하겠나이다.' 이제 노인이 되어 죽을 날이 다가오니 이제야 내가 얼마나 어리석었는지를 알게 되었다. 이제 나의 유일한 기도는 이것이다. '주여, 나 자신을 고칠 은총을 주소서.'"

개혁은 나 자신이 먼저 변해야 합니다. 내가 변하지 않고 다른 사람을 변화시킬 수는 없습니다. 진정한 개혁은 말씀 중심으로 사는 것입니다. 말씀에 따라 행동하는 신앙인이 진정한 개혁자입니다. 오늘날의 특징은 하나님의 말씀을 떠나는 것이라 말할 수 있습니다. 이단들의 유혹에 많은 사람들이 미혹을 받습니다. 우리는 요시야처럼 오직 하나님, 오직 말씀 중심으로 살아야 합니다. 말씀에서 떠나면 안 됩니다. 우리 하나님도 전심으로 하나님의 말씀에 순종하는 자를 찾으십니다. 개혁의 출발점은 '하나님의 말씀' 입니다.

요시야는 행동하는 신앙인이었습니다. 우리도 요시야의 행동하는 신앙을 본받아야 합니다. 예배를 회복하고 사모하는 삶을 살아야 합니다. 하나님보다 더 사랑하는 우상을 타파해야 합니다. 그리고 오직 하나님의 말씀대로 살아야 합니다. 이것이 개혁입니다. 성경은 말씀합니다. "요시야와 같이 마음을 다하며 성품을 다하며 힘을 다하여 여호와를 향하여 모세의 모든 율법을 온전히 준행한 임금은 요시야 전에도 없었고 후에도 그와 같은 자가 없었더라"(25) 아멘.

인물설교
행동하는 신앙인

■
초판 1쇄 인쇄 / 2009년 12월 5일
초판 1쇄 발행 / 2009년 12월 10일

■
지은이 / 배 굉 호
펴낸이 / 김 수 관
펴낸곳 / 도서출판 영문
122-070 서울시 은평구 역촌동 10-82
☎ (02) 357-8585
FAX • (02) 382-4411
E-mail • kskym49@yahoo.co.kr

■
출판등록번호 / 제 03-01016호
출판등록일 / 1997. 7. 24

파본은 교환해 드립니다.
본 **출판물**은 서삭권법으로 보호 받는
저작물이므로 출판사나 저자의 허락없이
무단 전재나 무단 복제를 할 수 없습니다.

정가 8,000원
ISBN 978-89-8487-267-7 03230
Printed in Korea